Jiddu Krishnamurti

Qué estás buscando

Traducción del inglés al castellano
de Elsa Gómez Belastegui

editorial Kairós

Título original: WHAT ARE YOU LOOKING FOR?
© Krishnamurti Foundation Trust Ltd.
Brockwood Park, Bramdean, Hampshire
SO 24 0 LQ England

© de la edición en castellano: 2022 Editorial Kairós, S.A.
08029 Barcelona, España
www.editorialkairos.com

© de las imágenes: cortesía de la KFA/KFT

La presente edición en lengua española ha sido contratada con la licencia de la Krishnamurti
Foundation of America (KFA, www.kfa.org, kfa@kfa.org) y la Krishnamurti Foundation Trust
Ltd. (KFT, www.kfoundation.org, kft@brockwood.org.uk) además de la Fundación Krishnamurti
Latinoamericana (FKL, apartado 5351, 08080 Barcelona, España. www.fkla.org, fkl@fkla.org).

© de la traducción del inglés al castellano: Elsa Gómez Belastegui
Revisión: Alicia Conde
Fotocomposición: Florence Carreté
Diseño cubierta: Katrien Van Steen
Impresión y encuadernación: Índice. 08040 Barcelona

Primera edición: Octubre 2022
ISBN: 978-84-1121-057-7
Depósito legal: B 13.109-2022

Este libro ha sido impreso con papel que proviene de fuentes
respetuosas con la sociedad y el medio ambiente y cuenta con los
requisitos necesarios para ser considerado un «libro amigo de los bosques».

Sumario

Prólogo

J<small>IDDU</small> <small>KRISHNAMURTI</small> (1895-1986) está considerado internacionalmente uno de los grandes educadores y filósofos de nuestro tiempo. Nació en el sur de la India, se educó en Inglaterra y, hasta el final de su vida, a los noventa años, viajó por todo el mundo dando charlas, dialogando y escribiendo, y fundó asimismo varias escuelas. No se identificó con ninguna casta, religión ni nacionalidad, ni se rigió por ninguna tradición.

La revista *Time* designó a Krishnamurti, así como a la Madre Teresa de Calcuta, «uno de los cinco santos del siglo xx», y el Dalái Lama lo considera «uno de los más grandes pensadores de nuestra época».

Sus enseñanzas están publicadas en setenta y cinco libros, de los que se han vendido más de cuatro millones de ejemplares traducidos a más de treinta idiomas.

Krishnamurti consideraba fundamental rechazar toda autoridad espiritual y psicológica, incluida la suya propia. Decía que los seres humanos tienen que liberarse del miedo, el condicionamiento, la autoridad y los dogmas mediante el conocimiento de sí mismos, que traerá consigo orden y un verdadero cambio psicológico. Insistía en que este mundo violento y conflictivo no puede transformarse en una vida de bondad, amor y compasión mediante estrategias políticas, sociales o económicas. Lo único que puede transformarlo es la mutación de cada individuo nacida de su propia observación, sin ningún gurú, ni religión organizada.

La talla y originalidad de Krishnamurti como filósofo atrajeron a todo tipo de personas, tradicionales y vanguardistas. Jefes de Estado, científicos eminentes, destacados líderes de la Organización de las Naciones Unidas y de diversas organizaciones religiosas, psiquiatras, psicólogos y catedráticos universitarios sostuvieron conversaciones con él. Estudiantes, docentes y millones de personas de todo tipo leían sus libros y acudían a escucharle. Krishnamurti tendió un puente entre la ciencia y la religión utilizando un lenguaje llano, de modo que tanto los científicos como el público no especializado podían entender sus debates sobre el tiempo, el pensamiento, la comprensión verdadera y la muerte.

Durante su vida, Krishnamurti creó fundaciones en Estados Unidos, la India, Inglaterra, Canadá e Hispanoamérica, cuya función específica es preservar y difundir las enseñanzas, pero sin autoridad para interpretarlas o para deificar las enseñanzas o a quien las pronunció.

Krishnamurti fundó además escuelas en la India, Inglaterra y Estados Unidos. Entendía que el propósito fundamental de la educación debe ser la comprensión completa del ser humano, de la mente y el corazón, y no el mero desarrollo intelectual y la adquisición de conocimientos académicos. Entendía que la educación debe servir para aprender el arte de vivir, no solo la tecnología necesaria para ganarse la vida.

Krishnamurti dijo: «Sin duda, una escuela es un lugar donde se aprende sobre la vida en su totalidad. La excelencia académica es absolutamente necesaria, pero una escuela incluye mucho más que eso. Es un lugar donde profesor y estudiante exploran juntos, no solo el mundo exterior, el mundo del conocimiento, sino también su propio pensamiento, su conducta».

Sobre la naturaleza de su trabajo explicó: «No se le exige ni se le pide a nadie que crea en nada. Esto no es una secta, ni hay seguidores, ni persuasión de ninguna clase, ni ninguna orientación, porque solo entonces podemos encontrarnos como seres humanos, en el mismo terreno, al mismo nivel. Entonces podemos observar juntos los extraordinarios fenómenos de la existencia humana».

R.E. MARK LEE
Director ejecutivo
Krishnamurti Foundation of America

Introducción

La vida es relación. Vivimos en relación uno con otro, con nuestras familias, con el mundo, con la Tierra y el universo.

Como la vida se vive siempre en relación, es fundamental que comprendamos lo que es, y lo que cada movimiento de la relación con nuestros amantes, padres, amigos, profesores y con la sociedad puede significar para nosotros y para los demás seres humanos.

Juntas, nuestras relaciones individuales crean la sociedad. La sociedad somos nosotros. Es decir, que lo que somos en cada relación, cada uno de nosotros, crea la sociedad. Si somos coléricos, celosos, si actuamos con una ambición agresiva, o con prejuicios, o nos autocompadecemos porque nos sentimos solos, y nos deprimimos, y somos excluyentes en las relaciones, creamos una sociedad enloquecida. Multipliquemos por seis mil millones al ser egocéntrico o afectuoso, generoso o avaro que cada uno somos en la relación con los demás, y el resultado es nuestro mundo. Todo lo que somos afecta a todo lo demás, a las personas, los animales, la tierra, la biosfera. Esto es así para lo bueno y para lo malo: cada mal nos afecta a todos, pero también tiene un efecto en todos cada bien.

La mayoría, si nos atrevemos a observarnos de verdad, nos damos cuenta de que estamos muy solos. No sabemos por qué o cómo sucede, pero incluso con la familia, incluso entre amigos, e incluso con un novio o una novia, muchas veces nos sentimos aislados y solos. Incluso en la relación más íntima con alguien, pensamos en nosotros mismos, en el miedo a que el otro nos abandone, en nuestras inseguridades. La consecuencia es una soledad aún mayor, una dependencia aún mayor de las personas y de las cosas, de la que se deriva un enorme sufrimiento. Nos hemos habituado tanto al miedo y al sufrimiento que olvidamos, o nunca se nos ha enseñado, que esos hábitos biológicos, culturales y personales se pueden cambiar. Es cierto que hemos heredado de nuestros antepasados, los animales que fuimos, un agresivo instinto de supervivencia y territorial. Pero nuestro cerebro tiene también la inteligencia para decidir cuándo es apropiado obedecer a los instintos y cuándo es necesario cambiar de comportamiento.

Es desconcertante que en la escuela no se nos enseñara nada sobre la relación, con uno mismo, con los demás, con el trabajo, el dinero, la sociedad, con la Tierra y el universo. Teniendo en cuenta que nuestra propia supervivencia, personal y colectiva, depende de las relaciones, parecería lógico que los educadores y los padres se aseguraran de que aprendemos a relacionarnos, además de aprender a leer y a escribir, y matemáticas e informática. Nos enseñan a ganarnos la vida, pero no a vivir. Así que el arte de la relación, el arte en sí de vivir, debemos aprenderlo cada uno por nuestra cuenta.

Debemos aprender qué es la relación, qué no lo es, qué la obstaculiza. Aunque externamente seamos inteligentes y cultos, por dentro los seres humanos seguimos siendo violentos. La verdadera educación consiste en cambiar al ser humano interior. La clave de una relación auténtica es comprender nuestro pensamiento, es decir, conocernos a nosotros mismos. Para eso, debemos darnos cuenta de que nuestra forma de pensar y de comportarnos está condicionada por nuestras experiencias personales, nuestra familia, nuestra cultura y país, las religiones, nuestro género y biología.

Si no soy consciente de mis procesos de pensamiento, lo que sea que piense significará muy poco. Sin conocer mis tendencias adquiridas o heredadas y el impedimento que suponen mis prejuicios personales o biológicos, sin comprender mis miedos, mis heridas, mi ira, sin la capacidad de ver a través y más allá de ellos, todo mi pensamiento y todas mis relaciones estarán marcados por la confusión o la distorsión. Por fuerza ha de ser así, ya que conocerse a uno mismo es la base para relacionarse.

Puedo descubrir la verdad de quien soy en el espejo que tengo más a mi alcance: el espejo de la relación. Puedo ver cómo me siento, qué pienso y cómo me comporto con solo observarme atentamente en cada encuentro con las personas que hay a diario en mi vida. En las reacciones que tengo ante los demás, puedo ver lo que me enfada, lo que me hace daño, cuándo soy generoso, cuándo estoy alegre, plenamente vivo. Es importante no grabar a fuego lo que uno descubre: la vida cambia a cada minuto, y yo también. Se trata de observar lo que siento, nada más. No de obedecer ciegamente al sentimiento o al impulso, ni de guardarlo para actuar después. No dejarse arrastrar por la ira o la codicia es muy difícil. No porque uno sea un inepto, sino sencillamente porque cuesta mucho reconfigurar el condicionamiento de millones de años de haber sido agresivos cazadores tribales. Pero si consigo aprender de un momento de ira, su repercusión será enorme. Cada vez que soy capaz de hacerlo, hay una gota menos de veneno en el aire que respiramos todos.

Estar alerta a mi comportamiento y conocerme a mí mismo observándolo da libertad a mi vida y a mis relaciones. Los caballos salvajes que hay en mí ya no me arrastran a lugares a los que no quiero ir. Conocerme a mí mismo es además la clave de la supervivencia: todos los cerebros humanos son más iguales que desiguales, luego comprenderme es comprender también a los demás.

Este mundo lo han producido miles de generaciones con sus ideas egocéntricas, «primero yo, mi familia y mi país», el veneno de las organizaciones separativas. Nosotros tenemos que cambiarlo, o seguir sufriendo de la misma manera. La vida es inmensa. Si nos limitamos a cavar un agujero, por cómodo que sea, y a meternos en él, vamos a perdernos por completo la extraordinaria experiencia de vivir. Si nos resignamos a relacionarnos de la misma forma dolorosa que hasta ahora porque tenemos miedo a perder la seguridad, estamos todos muertos. Debemos elegir: o seguir reproduciendo el mismo modelo de siempre y sufrir por sentirnos separados y solos, u oponernos activamente a los hábitos egocéntricos y vivir en el amor, no solo con una persona en particular, sino con la totalidad de la vida.

Estas charlas y escritos provienen de un hombre que vivió como todos los grandes marginados de la sociedad: el rebelde, el poeta errante, el filósofo religioso, el científico y el psicólogo revolucionarios, los grandes maestros viajeros de todos los milenios. Durante sesenta y cinco años, Krishnamurti habló de la libertad psicológica a quien quisiera escucharle. Fundó escuelas en las que los jóvenes pueden estudiar todas las asignaturas habituales, y estudiarse además a sí mismos. En ellas, como en cada charla y escrito, insistió en que no son las guerras, internas y externas, las que nos harán libres, sino la verdad de quienes somos.

No hay ningún camino marcado, ninguna autoridad ni gurú a los que seguir: tengo en mí la capacidad para descubrir lo que soy, lo que estoy haciendo con mi vida, con mis relaciones y con mi trabajo. Soy yo quien decide si experimentar con lo que se dice en este libro. La opinión que otros tengan de mí y de cómo vivo mi vida les concierne a ellos, no a mí.

Todas las selecciones de este volumen están tomadas de los libros de Krishnamurti, de las grabaciones de sus diálogos y las transcripciones de sus charlas públicas. Creo que vale la pena hacer el experimento de leer este libro, y otros títulos incluidos al final, y ver por uno mismo qué cambios interiores se empiezan a producir.

DALE CARLSON
Editor

Parte I

El ser humano: de persona a persona

1. ¿Qué es la relación?

1. La vida es relación

Todo en la vida es un movimiento de relación. No hay nada vivo en
la tierra que no esté relacionado con algo o con alguien. Incluso el
ermitaño, la persona que se aísla en un lugar solitario, tiene relación
con el pasado y, en alguna medida, también con otros seres humanos.
No es posible escapar de la relación. Y esa relación puede ser el espejo en el que vernos a nosotros mismos y descubrir lo que somos,
nuestras reacciones, prejuicios y miedos, la depresión, la ansiedad,
la soledad, el dolor y el sufrimiento que hay en nosotros. Es donde
podemos descubrir también si amamos, o si en realidad ni siquiera
sabemos lo que es el amor. De modo que vamos a examinar qué
significa relacionarse, porque la base del amor es la relación.

2. La relación es la vía para descubrir quién soy

La relación es el espejo en el que tengo la posibilidad de verme. Ahora bien, puedo distorsionar ese espejo para que me devuelva la imagen que más me conviene, o puedo dejar que refleje la realidad, «lo que es». Y la mayoría preferimos ver reflejado en el espejo de la relación lo que nos gustaría que fuera, no «lo que es», preferimos ver una imagen idealizada [...].

Si examinamos nuestra vida y la relación que mantenemos con quien está a nuestro lado, nos damos cuenta de que es un proceso de aislamiento. Vemos que, en realidad, esa persona no nos interesa; por mucho que hablemos continuamente de lo importante que es para nosotros, la realidad es que no nos importa. Solo nos relacionamos con alguien mientras la relación nos resulta placentera, mientras nos da seguridad, mientras nos satisface. En cuanto surge la menor turbulencia que me incomoda, abandono la relación; es decir, solo mantengo la relación mientras la encuentro gratificante. Quizá suene despiadado lo que digo, pero si examinamos de verdad nuestra vida con detalle, vemos que es un hecho [...].

Si examinamos nuestra vida y observamos la forma en que nos relacionamos, nos damos cuenta de que en el fondo es un proceso de protección de los unos frente a los otros: levanto un muro, y por encima de él miro y estudio a los demás; en todas las circunstancias, sostengo el muro en pie y me protejo detrás de él, ya sea un muro psicológico, físico, económico o nacional. Y mientras vivamos aislados, detrás de un muro, es imposible la relación [...]. El mundo nos crea tal desasosiego, hay en él tanto dolor, sufrimiento, guerras, destrucción y desdicha, que queremos escapar y encerrarnos entre unos muros que nos den seguridad, que nos hagan sentirnos psicológicamente a salvo. La mayoría de las relaciones son, por tanto, un proceso de aislamiento, y, lógicamente, la sociedad creada por esa clase de relaciones solo puede ser a su vez una sociedad que fomenta el aislamiento. Esto es exactamente lo que está ocurriendo en todo el mundo: vivimos cada cual aislado tras un muro, y extendemos la mano por encima de él […].

3. ¿Verdadera relación o solo imágenes?

¿Qué significa esta palabra? ¿Estamos alguna vez relacionados de verdad con alguien, o la relación que hay es entre dos imágenes: la que yo he creado del otro y la que el otro ha creado de mí? Yo tengo una imagen de la otra persona basada en que es mi pareja, mi esposa, mi marido; ella tiene también una imagen de quién soy yo, y la relación se establece entre esas dos imágenes, nada más. La verdadera relación solo es posible cuando no hay imagen. Hay verdadera relación cuando podemos mirarnos el uno al otro sin que se interponga la imagen guardada en la memoria, hecha de insultos y toda clase de recuerdos. ¿Y no es precisamente esa imagen la naturaleza misma del observador? La imagen que tengo de la otra persona observa la imagen que la otra persona tiene de mí –si es que puede llamarse «observar» a lo que hace una imagen– y llamamos relación a esto. Pero no lo es, no existe relación porque el encuentro es entre dos imágenes. Relacionarse significa estar en contacto, y, por definición, el contacto ha de ser directo, no se puede establecer si el otro y yo presentamos él su imagen y yo la mía. Requiere muchísima atención y una percepción intensamente despierta mirar al otro sin la imagen que tenemos de ella o de él, sin los recuerdos de cómo me insultó, de las veces que ha accedido a mis deseos, del placer que me ha dado y de todo lo demás. Solo cuando entre dos seres humanos no hay imágenes, están de verdad en relación.

4. La relación es un espejo de lo que soy

Sin duda, solo en la relación se revela el proceso de lo que soy, ¿no es cierto?

La relación es un espejo que nos muestra cómo somos en realidad; pero como a la mayoría no nos gusta lo que vemos, empezamos rápidamente a disciplinarnos para cambiar aquello que consideramos negativo. Es decir, descubro en la relación, en las acciones de la relación, algo de mí que no me gusta, que considero indigno de mí, vergonzoso, y de inmediato lo intento modificar, convertir en una cualidad positiva, lo que significa que tengo una idea preconcebida de cómo debo ser. Y en cuanto tengo una idea de lo que debo ser, es imposible que comprenda lo que soy. En cuanto tenemos una imagen de cómo creemos que deberíamos o no deberíamos ser, un modelo conforme al cual queremos cambiar, es obvio que no tenemos la más mínima comprensión de lo que somos en la relación en ese preciso instante.

Me parece que es importantísimo entender esto, porque aquí es donde la mayoría nos confundimos. No quiero saber lo que soy realmente en un determinado momento de la relación; solo me preocupa cambiarlo, ser mejor, no me importa comprenderme a mí mismo, comprender «lo que es».

5. Conocerme a mí mismo es la base para la relación: el problema en mis relaciones soy yo

Dado que mis problemas son consecuencia de la totalidad de quien soy, es decir, de mis acciones en la relación con las cosas, las ideas o los demás seres humanos, es esencial que me comprenda a mí mismo. Sin conocerme a mí mismo, no tengo una base real para pensar.

6. ¿Relación, o solo seguridad y dependencia?

Inevitablemente, el dolor forma parte de las relaciones, como nos demuestra el vivir de cada día. Si en la relación no hay tensión de ninguna clase, deja de ser una relación y se convierte en un cómodo estado de sopor, un narcótico, que es lo que la mayoría preferimos, lo que en realidad queremos. Y entre ese deseo de comodidad y los hechos, surge el conflicto: entre la ilusión y la realidad. Si reconocemos la ilusión como tal y la desechamos, podemos dedicar toda nuestra atención a comprender la relación. Pero si lo que buscamos es seguridad, no haremos sino alimentar una relación ilusoria, puesto que la grandeza de la relación está precisamente en su inseguridad. Al buscar seguridad en ella, le impedimos cumplir su propósito, que traerá consigo su particular vaivén de venturas y desventuras.

El sentido de la relación es, sin duda, revelar en su totalidad el estado de nuestro ser. La relación es un proceso de autorrevelación en el que descubrirme a mí mismo, ahora bien, esa autorrevelación es difícil de afrontar, me obliga a hacer ajustes constantes, a desarrollar flexibilidad mental y emocional. Es un doloroso forcejeo, con períodos de paz luminosa [...].

Como la mayoría buscamos en la relación una seguridad exenta de riesgos, evitamos las tensiones o las dejamos de lado rápidamente. Preferimos la tranquilidad y la comodidad de una dependencia satisfactoria, un anclaje en que sentirnos a salvo. Y, así, la familia y otras relaciones se convierten en un refugio, el refugio de la inconsciencia.

Cuando la inseguridad penetra furtivamente en la dependencia establecida, como tarde o temprano ha de ocurrir, abandonamos esa relación y la reemplazamos por una nueva, con la esperanza de encontrar esta vez una seguridad perdurable. Pero en una relación no puede haber seguridad, y la dependencia solo engendra miedo. Sin comprender ese proceso de búsqueda de seguridad y el miedo que la acompaña, la relación se convierte en una atadura que nos impide ser, en una vía de ignorancia. Entonces la existencia entera es lucha y dolor, y no hay otra forma de salir de ello que con la claridad de pensamiento que emana de conocerme a mí mismo.

7. La forma en que me relaciono con los demás crea la sociedad

Sabemos que en la actualidad nuestras relaciones son un constante enfrentamiento, forcejeo y angustia, o puro hábito. Si somos capaces de comprender plena, completamente, la relación con un ser humano en particular, entonces quizás tengamos la posibilidad de comprender la relación con los seres humanos a gran escala, es decir, con la sociedad. Si no comprendo mi relación con un único individuo, es imposible que comprenda mi relación con los individuos en conjunto, con la sociedad, con la humanidad. Si mi relación con un determinado individuo está basada en la satisfacción de mis necesidades, en la gratificación, mi relación con la sociedad forzosamente ha de ser la misma [...]. ¿Es posible vivir, tanto en la relación con un solo individuo como con la sociedad, sin exigir nada? Esa es sin duda la cuestión, ¿no es cierto? [...]. Si utilizo la relación solo como un medio para satisfacer mis deseos, una vía de escape, una distracción, lo cual es simple actividad, no puedo conocerme a mí mismo en ella. Y, sin embargo, es en el proceso de la relación donde se revela quién soy, donde me puedo descubrir, conocer, siempre que esté dispuesto, obviamente, a investigar con seriedad la relación y a exponerme a ella. Porque, al fin y al cabo, no puedo vivir sin relacionarme. El problema es que solo queremos utilizar la relación para adormecernos, para que se nos complazca, para ser algo.

8. La relación es mucho más que un marco en el que encontrar seguridad, placer y sentirnos bien

Vemos, por tanto, que la relación, si se lo permitimos, puede ser un proceso autorrevelador, pero, dado que no se lo permitimos, acaba siendo una mera actividad gratificante. Mientras la mente utilice la relación solo para tener la seguridad que busca, es inevitable que la relación sea fuente de confusión y antagonismo. ¿Es posible vivir en relación sin idea alguna de exigencia, deseo, gratificación?

9. Cuando la relación es solo una idea, un pensamiento, hay conflicto, no amor

No puedo pensar en el amor. Puedo pensar en la persona a la que amo, pero ese pensamiento no es amor. Sin embargo, poco a poco el pensamiento va ocupando el lugar del amor [...]. Y ¿puede la relación construirse sobre una idea? Si esa es su base, ¿no será una relación limitadora, opresiva, en la que por fuerza habrá discordia, riñas y amargura?

10. El amor no es gratificación

Solo puede haber relación verdadera cuando hay amor. Y el amor no es la búsqueda de satisfacción, el amor únicamente existe cuando me olvido de mí mismo, cuando hay total comunión, no entre yo y el otro, sino comunión con lo supremo, lo cual solo sucede cuando se olvida el «yo».

11. Relación y dependencia

La mayoría de las relaciones que mantenemos se basan en la dependencia, económica o psicológica, y esa dependencia nos crea temor, engendra en nosotros posesividad, lo cual es motivo de fricciones, sospechas y frustración. La dependencia económica quizá se pueda resolver con leyes o con la organización debida. Cuando hablo de la dependencia en la relación, me refiero a depender psicológicamente de otro ser humano por querer satisfacer mi deseo de felicidad, mi ansia de ser alguien. En esa relación posesiva, me siento reavivado, inspirado, dinámico. Siento que la pequeña llama de vida que hay en mí crece en intensidad gracias al otro. Y, como no quiero quedarme sin esa fuente de vitalidad que me completa, tengo miedo de perder a esa persona, lo cual se traduce en una posesividad angustiosa que da lugar a problemas de toda clase. Por eso en una relación de dependencia psicológica siempre hay miedo y suspicacia, conscientes o inconscientes, a menudo ocultos bajo palabras dulces [...].

Sin embargo, aunque dependo del otro, sigue existiendo en mí el deseo de ser una persona íntegra y psicológicamente independiente, completa en mí misma. La compleja cuestión que he de afrontar entonces en la relación es cómo amar sin dependencia, sin fricción ni conflicto, cómo vencer el deseo de aislarme, de cerrar los ojos a la causa del conflicto. Si mi felicidad depende de la acción de otro, de la sociedad o de mi entorno, por fuerza los considero imprescindibles, así que me aferro a ellos y me opongo violentamente a que cambien en ningún sentido, puesto que mi seguridad y bienestar psicológicos dependen de ellos. Aunque intelectualmente sea capaz de comprender que la vida es un continuo proceso de flujo, de mutación, de cambio constante, en el nivel emocional o sentimental quiero que los valores de los que depende mi bienestar psicológico sean inamovibles; como consecuencia, vivo en una constante batalla entre el cambio y el deseo de permanencia. ¿Es posible poner fin a este conflicto?

La vida no es posible sin relación, pero, al basar las relaciones en un amor interesado y posesivo, las hemos convertido en una actividad angustiosa y aborrecible. ¿Puedo amar y, sin embargo, no tener necesidad de poseer lo que amo? La verdadera respuesta a esta pregunta no vamos a encontrarla escapando de los hechos ni apelando a nuestros ideales y creencias sobre el amor, sino comprendiendo las causas de la dependencia y la posesividad. Si soy capaz de comprender a fondo el problema de mi relación con otra persona, entonces quizá pueda comprender y resolver los problemas de mi relación con la sociedad, puesto que la sociedad no es sino una extensión de quien yo soy. El sistema al que llamamos sociedad lo han creado las generaciones pasadas, y nosotros lo aceptamos porque nos ayuda a mantener viva nuestra codicia, el afán de poseer, una concepción ilusoria de la vida. En esa ilusión en que vivimos no puede haber unidad ni paz. La simple unión económica entre países establecida a base de coacción y de leyes no pondrá fin a las guerras. Mientras no comprendamos nuestras relaciones individuales, no habrá paz en la sociedad. Y dado que esas relaciones se basan en un amor posesivo, tengo que darme cuenta en mí mismo de cómo surge, de cuáles son sus causas, sus efectos. Si soy intensamente consciente del proceso de esa posesividad y de la violencia, el miedo y las reacciones que provoca, nace de ello una comprensión que es total, completa. Solo esa comprensión libera al pensamiento de la dependencia y de la necesidad de poseer. Es dentro de mí donde puedo descubrir la armonía desde la que relacionarme, no puedo encontrarla en el otro ni en nada de lo que me rodea.

La principal causa de fricciones en la relación soy yo, ese «yo» que es el centro donde confluyen y se unifican todos mis deseos. Si de una vez por todas me doy cuenta de que lo más importante no es cómo actúa el otro, sino cómo actúo yo, cómo reacciono, si comprendo con todo detalle y hasta lo más hondo la acción y reacción que salen de mí, entonces la relación experimentará un cambio radical. En la relación con el otro, surgen problemas no solo en el plano físico, sino también en todos los niveles del pensamiento y el sentimiento; y únicamente puedo estar en armonía con el otro si estoy en completa armonía conmigo mismo. Lo fundamental en la relación es tener presente que el causante de los problemas no es el otro, sino yo, lo cual no significa que deba aislarme para evitar provocarlos, sino que debo comprender en mí la causa del conflicto y el sufrimiento. Mientras nuestro bienestar psicológico, ya sea intelectual o emocional, dependa de otros, esa dependencia nos causará inevitablemente miedo, y por tanto nos hará sufrir.

12. Si hay apego, no hay amor

¿No es la relación que tenemos unos con otros un estado de dependencia psicológica? No hablo de la interdependencia física, que es algo totalmente distinto. Dependo psicológicamente de mi hijo porque quiero que él sea lo que yo no soy; él será la culminación de todas mis aspiraciones y deseos; él es mi inmortalidad, mi continuidad. Así que la relación que tengo con mi hijo, con mi pareja, con mi vecino es un estado de dependencia psicológica, y me da miedo encontrarme en un estado en el que no haya dependencia. Como no sé qué significa no depender, dependo de lo que leo, de la relación, de la sociedad, dependo de mis propiedades para sentirme seguro, para tener una posición y prestigio. Y si no dependo de ninguna de estas cosas, dependo entonces de las experiencias que he tenido, de lo que pienso, de la nobleza de mis propósitos.

Así pues, nuestras relaciones se basan en la dependencia psicológica, y por eso vivimos con miedo. El problema no es cómo dejar de depender, sino simplemente ver el hecho de que dependemos. Si hay apego, no hay amor. Como no sé amar al otro, dependo de él, y […]

mientras haya dependencia habrá miedo. Me refiero a la dependencia psicológica, no a depender del lechero que me trae la leche, o del ferrocarril o de un puente. Es la dependencia psicológica, depender interiormente de las ideas, de las personas, de mis propiedades, lo que me hace vivir con miedo. Esto significa que no me liberaré del miedo mientras no comprenda la relación, y solo se puede comprender la relación cuando la mente observa en todo momento cómo se relaciona con todo. Este es el principio de conocerme a mí mismo.

Y bien, ¿soy capaz de escuchar esto con naturalidad, sin esfuerzo? El esfuerzo aparece cuando pretendo conseguir algo, cuando trato de ser algo. Pero si sencillamente, sin tratar de liberarme del miedo, soy capaz de escuchar el hecho de que el apego destruye el amor, la realidad en sí del hecho liberará a la mente del miedo en ese mismo instante. No puedo desprenderme del miedo mientras no comprenda la relación y su significado; dicho de otro modo, mientras no me conozca en absoluto a mí mismo. Solo en la relación se revela el «yo». Observando cómo hablo con los demás, lo que pienso y siento sobre mis propiedades, cómo me aferro a una creencia o un conocimiento, es decir, dándome cuenta de la dependencia que tengo de todo, empiezo a despertar al proceso de descubrir quién soy.

Lo importante no es, por tanto, cómo superar el miedo. Para eso basta con tomarse unas copas, y durante un rato uno lo olvida. Basta con ir a la iglesia o al templo, postrarse y murmurar palabras de devoción hasta perderse en ellas; pero, cuando uno salga, el miedo le estará esperando a la vuelta de la esquina. El miedo se acaba únicamente cuando comprendo mi relación con todas las cosas, y ese comprender no ocurre hasta que estoy dispuesto a conocerme a mí mismo. Conocerme a mí mismo no es una abstracción lejana; empieza aquí, ahora, observando cómo trato a los demás, a mi pareja, a mis hijos, a mis empleados. La relación es el espejo en el que verme tal como soy. Si estoy dispuesto a mirar lo que soy sin hacer ninguna valoración de lo que veo, entonces el miedo se extingue, y de su extinción nace un extraordinario sentimiento de amor.

El amor no se puede cultivar, no es algo que pueda comprar la mente. Si me propongo practicar la compasión, esa compasión será producto del pensamiento, y por tanto no será amor. El amor llega misteriosa e inesperadamente en toda su plenitud cuando comprendo el proceso entero de la relación. La mente entonces se queda en silencio, deja de llenar con sus cosas el corazón, y así aquello que es de verdad amor se manifiesta.

2. El amor, el sexo y las relaciones

1. Tenemos dos problemas

Tenemos, así pues, dos problemas: el amor y el sexo. El primero es para nosotros una idea abstracta; el segundo, un impulso biológico real y cotidiano, un hecho que no se puede negar. Vamos a investigar en primer lugar qué es el amor, no como una abstracción, sino qué es en realidad. ¿Qué es? ¿Un mero deleite sensual que el pensamiento cultiva y convierte en placer? ¿Es el recuerdo de una experiencia que me ha proporcionado un gran goce o disfrute sexual? [...]. ¿Existe el amor sin el objeto, o se manifiesta solo a causa del objeto? [...]. ¿O es el amor un estado interior?

2. ¿Qué es el amor?

¿Qué es el amor? ¿Es posible entenderlo verbal o intelectualmente, o es algo que no se puede poner en palabras? ¿Qué es eso a lo que cada uno de nosotros llama amor? ¿Es el amor un sentimiento? ¿Es emoción? ¿Puede el amor dividirse en divino y humano? ¿Hay amor cuando siento celos, odio y afán competitivo? ¿Hay amor en la relación cuando lo que cada parte busca en ella es su propia seguridad, tanto psicológica como mundana? Queramos admitirlo o no, estamos todos atrapados en esto. Dejemos a un lado el amor en abstracto; ninguna idea abstracta del amor sirve para nada. Tenemos todos cantidad de teorías, pero, realmente, en la práctica, ¿qué es eso a lo que llamamos amor?

Está el placer, el placer sexual, en el que surgen los celos, el afán de dominación, el deseo de poseer, de retener, de controlar, de interferir en lo que piensa el otro. Conscientes de toda esa complejidad, imaginamos que debe haber un amor divino que sea bello, puro, incorrupto; meditamos sobre él y adoptamos una actitud devocional, sentimental, emocional, y así nos escapamos. Como no comprendemos este fenómeno humano al que llamamos amor, nos evadimos en abstracciones que no tienen ningún valor en absoluto, ¿no es esto lo que hacemos? Y bien, ¿qué es el amor? ¿Es placer y deseo? ¿Es el amor unidireccional y excluyente?

Para comprender qué es el amor, debemos investigar la cuestión del placer, el placer sexual o el placer de dominar a otro, de controlarlo, de reprimirlo, y también si el amor dirigido hacia una persona excluye al resto. Si digo: «Te amo», ¿no excluye eso a todos los demás? ¿Es el amor personal o impersonal? Pensamos que si uno ama a una persona no puede amar a todas, y que si uno ama a la humanidad no es posible que ame a alguien en particular. Todo esto indica que tenemos ideas sobre lo que debe ser el amor, ¿no es así? Y esas ideas son, una vez más, un modelo, un código desarrollado por la cultura en la que vivimos, o un modelo que uno mismo ha elaborado. Tenemos ideas de lo que es el amor, de lo que debería ser, de lo que no es amor, todo lo cual significa que las ideas acerca del amor nos importan mucho más que los hechos. Desgraciadamente para la humanidad, los santos de distintas religiones han establecido que amar a una mujer, amar a un hombre, el amor humano, en definitiva, es un obstáculo insalvable para aquel que quiera acercarse a la idea de Dios que ellos han predicado. Es decir, el sexo es tabú; los santos lo han proscrito, aunque luego, por lo general, la realidad sea que el sexo los corroe. De modo que para investigar esta cuestión de qué es el amor, primero debemos prescindir de todas las ideas, todas las teorías sobre lo que es, sobre lo que debería o no debería ser, y también de la división entre amor divino y no divino. ¿Somos capaces de hacerlo?

3. Qué no es amor

Interlocutor: ¿Qué entiende usted por amor?

Krishnamurti: Vamos a descubrirlo juntos comprendiendo lo que no es amor, porque, dado que el amor es lo desconocido, solo descartando lo conocido podemos llegar a él. Es imposible que una mente repleta de lo conocido descubra lo desconocido […].

¿Qué es el amor para la mayoría? Cuando decimos que amamos a alguien, ¿a qué nos referimos en realidad? Nos referimos al sentimiento de que esa persona nos pertenece. Lógicamente, de ese sentimiento de posesión surgen los celos, porque, si él o ella desaparece de mi vida, ¿qué será de mí? Me sentiré vacío, perdido. Así que legalizo la posesión y retengo a esa persona. Pero en el momento en que la retengo, en que la considero mía, es inevitable que aparezcan la desconfianza, el miedo y los innumerables conflictos derivados de la posesión. Está claro que la posesión no es amor, ¿verdad?

Obviamente, el amor tampoco es sentimentalismo. Ser sentimental y emotivo no es amar, puesto que el sentimentalismo y la emotividad son simples sensaciones. El devoto que llora al hablar de Jesús o de Krishna, o de su gurú o de quien sea, no es más que un sentimental embargado por la emoción, que es un proceso del pensamiento. Y el pensamiento no es amor, el pensamiento es resultado de las sensaciones, luego la persona sentimental, emocional, no tiene ninguna posibilidad de descubrir el amor. Y nosotros, ¿no somos emotivos y sentimentales? El sentimentalismo, la emocionalidad, es una mera expansión del «yo». Rebosar de emoción no es amar, ya que la persona sentimental puede ser cruel si sus sentimientos no son correspondidos, si no se le permite expresarlos. El rechazo puede incitarla al odio, a declarar una guerra, a hacer una carnicería. La persona sentimental, que derrama lágrimas por su religión, es obvio que no ama.

¿El perdón es amor? ¿Qué significa perdonar? Si alguien me insulta, me siento ofendido y tomo nota de ello; un rato después, ya sea mecánicamente o porque el otro se disculpa, le digo: «Te perdono». Primero registro lo sucedido y luego lo desestimo. ¿Qué significa esto? Significa que sigo siendo yo la figura central e importante: soy yo quien perdona al otro. En la actitud de perdonar está implícito que la parte importante sigo siendo yo, no la persona por la que me he sentido insultado. Así que acumular resentimiento y luego negarlo, que es a lo que llamamos «perdonar», no es amor. En la persona que ama no hay enemistad; a ella, todas estas cosas le resultan indiferentes. La lástima, el perdón, la posesividad, los celos y la desconfianza no son amor, ya que todos ellos provienen de la mente condicionada, ¿no es cierto? […]. Y esa mente solo puede corromper el amor. Ni la belleza ni el amor pueden nacer de ella. Por más que escriba poemas de amor, estos no son amor.

Está claro que, sin verdadero respeto, si no respetamos al otro, ya sea nuestro empleado o nuestro amigo, no hay amor. ¿Somos conscientes de cuánto nos cuesta tratar con respeto, amabilidad y generosidad a quienes consideramos inferiores a nosotros? Respetamos a quienes están por encima de nosotros, a nuestro jefe, al millonario, a la persona que tiene una mansión y un título, que puede darnos un trabajo mejor, ayudarnos a ascender en la escala social, a todo aquel de quien podemos obtener algo. A quienes están por debajo de nosotros los tratamos a patadas […].

Solo es posible descubrir el amor cuando todo esto ha concluido, ha tocado a su fin […]. ¡Qué pocos de nosotros somos generosos, comprensivos, compasivos! Soy generoso cuando me conviene, soy compasivo cuando creo que puedo sacar algo a cambio. Solo una vez que todo esto desaparece y deja de ocupar la mente, y una vez que las cosas de la mente dejan de llenar el corazón, hay amor. Y solo el amor puede transformar la locura e insensatez del mundo actual, no los sistemas ni las teorías […].

Y cultivar el amor, practicar la fraternidad, sigue formando parte de la actividad de la mente, luego no es amor. Solo cuando todo esto cesa, el amor se manifiesta, y entonces descubrimos lo que significa amar. Entonces el amor no es cuantitativo, sino cualitativo. No vamos diciendo: «Amo a todo el mundo», pero si sabemos amar a un ser humano, sabemos amarlos a todos. En la actualidad, como no sabemos amar a un ser humano individual, el amor que decimos sentir por la humanidad es ficticio. Cuando uno ama, no hay ni un ser humano ni muchos: solo hay amor. Y únicamente si hay amor pueden resolverse todos nuestros problemas [...].

4. ¿Por qué hemos hecho del sexo un problema?

Interlocutor: Sabemos que el sexo es una necesidad física y psicológica ineludible, pero, según parece, es también la principal causa de caos personal en la gente de nuestra generación, ¿hay alguna forma de resolver este problema?

Krishnamurti: ¿Cómo es que todo lo que tocamos se convierte en un problema? Hemos hecho un problema de Dios, del amor, de las relaciones, de vivir, y también del sexo, ¿por qué? ¿Por qué nos supone un problema, una tortura, todo lo que hacemos? ¿Por qué sufrimos? ¿Por qué nos resignamos a vivir con problemas? ¿Por qué no les ponemos fin? ¿Por qué no resolvemos las dificultades al momento, en lugar de arrastrarlas día tras día, año tras año? El sexo es sin duda una cuestión importante, pero hay otra más importante aún: ¿por qué hacemos de la vida un problema? ¿Por qué son un problema el trabajo, el sexo, ganar dinero, pensar, sentir, experimentar, todo lo que forma parte de vivir? ¿No será principalmente porque lo enfocamos todo desde el mismo punto de vista, desde un punto de vista fijo, estático? [...].

¿A qué nos referimos al decir que el sexo es un problema? ¿El problema es el acto o pensar en el acto? Sin duda, no es el acto en sí; el acto sexual no supone mayor problema que el comer. Ahora bien, si uno ocupa la mente con pensamientos de comida, o de lo que sea, el día entero porque no tiene nada mejor en que pensar, entonces se convierte en un problema. ¿Es el acto sexual el problema, o el problema es pensar en el acto? ¿Por qué pensamos en él de continuo, cosa que evidentemente hacemos? Las películas, las revistas, las novelas, todo ello alimenta los pensamientos sobre el sexo. Pero ¿por qué se deja la mente alimentar por esos estímulos? ¿qué razón tiene para pensar en el sexo? ¿Por qué se ha convertido el sexo en el tema central de nuestra vida? Habiendo tantas cosas que reclaman nuestra atención, centramos toda la atención en los pensamientos sexuales. ¿Qué nos pasa? ¿Por qué se obsesiona la mente con el sexo? Se obsesiona porque el sexo es la evasión suprema, ¿verdad?, es la mejor manera de evadirnos de todo. Durante el acto sexual, aunque solo sea por un momento, me olvido de mí mismo, y no conozco otra forma de conseguir eso. Todo lo demás que hago en la vida acentúa el «yo»: los negocios, la religión, los dioses, los dirigentes, las acciones políticas y económicas, las diversas vías de escape, las actividades sociales, afiliarme a un partido y abandonar otro; todo eso acentúa y refuerza el «yo». Es decir, hay un único acto donde el «yo» no tiene relevancia, y por eso se convierte en un problema. Si hay en mi vida una única vía de escape absoluto que, aunque solo sea por unos segundos, me permite olvidarme por completo de tener que ser alguien, me aferro a ella, porque es el único momento en el que soy feliz. Todo lo demás que toco se convierte en una pesadilla, en fuente de dolor y sufrimiento, de modo que me aferro a ese único acto que me ofrece un olvido completo de mí mismo, que es a lo que llamamos felicidad. Sin embargo, en cuanto me aferro a él, se convierte también en una pesadilla, porque lo que quiero ahora es liberarme de esa atadura, no quiero ser su esclavo. Así que invento, desde la mente una vez más, la idea de castidad, de celibato, y a continuación me propongo ser célibe, ser casto, reprimir el deseo; todo lo cual son estrategias de la mente para desvincularse del hecho real. Pero, de nuevo, esto da un particular énfasis a ese «yo» que se ha propuesto llegar a ser de determinada manera, por lo cual vuelvo a encontrarme atrapado en la lucha, el esfuerzo, la frustración y, en definitiva, el sufrimiento.

El sexo se convierte en un problema extraordinariamente difícil y complejo mientras no comprendemos a la mente que piensa en el problema. El acto sexual en sí no puede ser problemático; lo que genera el problema es pensar en él.

5. ¿Qué es el deseo?

El deseo es energía, y debemos comprenderlo; no podemos simplemente reprimirlo o someterlo a una idea […]. Si destruimos el deseo, destruimos la sensibilidad, y con ella la intensidad que es necesaria para comprender la verdad.

6. El deseo no es amor

El deseo no es amor: el deseo conduce al placer, el deseo es placer. Pero la solución no es aniquilar el deseo. Sería una absoluta estupidez decir que debemos vivir sin deseo, puesto que es imposible. El ser humano lo ha intentado. Muchos se han torturado intentando someterlo, eliminarlo y, sin embargo, el deseo ha persistido, les ha hecho vivir en conflicto y tener que soportar los embrutecedores efectos de ese conflicto. No se trata de intentar erradicar el deseo, sino de comprender en su totalidad el fenómeno del deseo, el placer y el dolor. Porque más allá de él hay una dicha y un éxtasis que es amor.

7. El deseo no tiene nada de malo

¿Qué es el deseo? Cuando veo un árbol meciéndose en el viento, es algo hermoso de observar; ¿hay algo de malo en ello? ¿Hay algo de malo en contemplar el elegante movimiento de un pájaro en vuelo o en mirar un coche reluciente con un diseño exquisito? ¿Y qué hay de malo en mirar a una persona bella, de rostro simétrico, un rostro armonioso que refleja inteligencia y calidad humana?

8. El problema no es el deseo, sino el pensamiento posterior: «Quiero eso, lo necesito»

Pero el deseo no se detiene ahí. Cada percepción de un objeto es más que una pura percepción, va acompañada de sensaciones. Y en cuanto surge la sensación, quiero tocar ese objeto, tener contacto con él, lo cual va seguido de una imperiosa necesidad de poseerlo. Pienso: «Es muy bello, necesito que sea mío», y aquí empieza la parte turbulenta del deseo.

Bien, ¿es posible ver, observar, percibir las cosas bellas y feas de la vida y no pensar: «Tengo que hacerla mía» o «No la quiero»? ¿Alguna vez observamos algo, simplemente observarlo? ¿Entendemos lo que significa «simplemente observar»? ¿Observo en algún momento a mi pareja, a mis hijos, a mis amigos, alguna vez los miro nada más? ¿Miro alguna vez una flor sin llamarla rosa, sin querer cortarla y ponérmela en el ojal de la chaqueta, o llevármela a casa para regalársela a alguien? Si somos capaces de observar simplemente, sin que interfieran en la percepción todos los valores que la mente atribuye a lo que percibimos, nos daremos cuenta de que el deseo no es algo monstruoso. Puedo mirar un automóvil, apreciar su belleza y no caer en la confusión o contradicción del deseo. El único requisito es una inmensa intensidad de observación, en vez de una simple mirada casual. No caer en la confusión del deseo no significa que en mí no haya deseo, sino algo tan simple como que la mente es capaz de mirar sin describir. Miro la luna y no me digo de inmediato: «Ahí está la luna, qué preciosidad»; el parloteo de la mente no se interpone. Al mirar de esta manera, descubrimos que, en la intensidad de la observación, del sentimiento, del verdadero afecto, el amor tiene su propia acción, que no es la acción contradictoria del deseo.

9. ¿Soy capaz de amar sin el deseo de poseer lo que amo?

Si experimentamos con esto, vemos lo difícil que le resulta a la mente observar sin pensar nada acerca de lo que observa. Y, sin embargo, la ausencia de pensamiento es la naturaleza del amor, ¿verdad? ¿Cómo puedo amar si mi mente nunca está en silencio, si en todo momento estoy pensando en mí mismo? Amar a alguien con todo mi ser, con la mente, el corazón y el cuerpo enteros requiere gran intensidad; y cuando el amor es intenso, el deseo pronto desaparece. El problema es que la mayoría nunca hemos sentido esa intensidad por nada, salvo por satisfacer nuestros deseos, conscientes o inconscientes. Nunca sentimos pasión por nada sin esperar obtener algo a cambio.

10. El deseo es el principio del amor

Por lo tanto, es absolutamente necesario comprender el deseo. Tenemos que «comprenderlo» no que «aniquilarlo». Si mato el deseo, me quedo paralizado. Cuando miro la puesta de sol que hay delante de mí, el hecho mismo de mirarla es un deleite, si es que soy mínimamente sensible. También ese deleite es deseo. Y si no soy capaz de ver la puesta de sol y deleitarme en ella, significa que no soy sensible. Si no soy capaz de ver a un hombre rico en un coche magnífico y sentir un gran deleite, no porque quiera ser como él y tener lo que él tiene, sino simplemente por el disfrute de verlo al volante de ese automóvil espléndido, o si no soy capaz de ver a un ser humano pobre, inculto, desaliñado y sucio sumido en la desesperación y sentir una enorme compasión, afecto, amor por él, es que no soy sensible. ¿Cómo puedo entonces descubrir la realidad, si no tengo sensibilidad ni sentimiento?

Así que es necesario comprender el deseo […]. Y de esa comprensión nace el amor. La mayoría no tenemos amor, no sabemos lo que significa. Conocemos el placer, conocemos el dolor. Conocemos la inconstancia del placer y, probablemente, el tormento continuo. Conocemos el placer del sexo y el placer de alcanzar la fama, una buena posición, prestigio […]. Hablamos de amor incansablemente, pero no sabemos lo que significa porque no hemos entendido el deseo, que es el principio del amor […].

11. ¿Cómo brota la pasión?

Para comprender el deseo, tengo que escuchar cada impulso de la mente y del corazón, cada estado de ánimo, cada cambio del pensamiento y del sentimiento. Los tengo que observar. Tengo que estar atento para darme cuenta del proceso con todo detalle; y es imposible que me dé cuenta del proceso del deseo si lo condeno o lo comparo con un ideal. Debemos conceder la debida importancia al deseo, ya que nos dará una enorme comprensión. De esa comprensión, nace la sensibilidad. Entonces somos sensibles no solo a la belleza física, a la suciedad, a las estrellas, a un rostro que sonríe o a alguien que llora, sino también a todos los murmullos, los susurros que suenan en nuestra mente, los miedos y las esperanzas secretos.

De este escuchar, de este observar, brota la pasión, esa pasión que es afín al amor.

12. El problema aparece cuando el pensamiento se apodera del deseo

Tengo una sensación placentera cuando siento deseo, y consigo que ese placer continúe pensando en él. Pienso en el sexo, y de esa manera doy continuidad a las sensaciones que lo acompañan. O pienso en el dolor, en la angustia que sentí ayer, y de este modo le doy continuidad también a eso. Que surja el deseo es natural, inevitable, necesario; sin deseo, sin la capacidad de reaccionar a los estímulos, soy una entidad muerta. Lo importante es distinguir, descubrir íntimamente, cuándo darle continuidad al deseo y cuándo no.

Para eso debemos comprender la estructura del pensamiento, que es el que influye en el deseo, lo controla y le da forma y continuidad. Está claro que esto es lo que ocurre, y también que el pensamiento funciona de acuerdo con la memoria, pero no vamos a entrar ahora en ello. Lo que nos importa en este momento es entender que el deseo se fortalece y adquiere continuidad cuando pensamos constantemente en él, lo cual lo convierte en voluntad. Y con esa voluntad funcionamos en la vida. Con esa voluntad basada en el placer y el dolor. Si algo es placentero, quiero que dure y se repita; si es doloroso, le opongo resistencia.

Así que tanto la resistencia al dolor como la búsqueda de placer dan continuidad al deseo […]. En cuanto cedo al deseo, él trae consigo su propio dolor, su propio placer, y yo vuelvo a estar atrapado en el círculo vicioso.

13. El pensamiento convierte el sexo en lujuria

El pensamiento, como hemos dicho, sustenta el placer al volver una y otra vez sobre algo que nos ha deleitado, al recrear repetidamente la imagen, las sensaciones. El pensamiento engendra el placer. Pensar en el acto sexual se convierte así en lujuria, que es algo enteramente distinto del acto sexual. Lo que la mayoría entendemos por pasión es la pasión de la lujuria: el deseo imperioso antes y nuevamente después del sexo. Eso no es verdadera pasión. Ese deseo imperioso es pensamiento, y el pensamiento no es amor.

Interlocutor: ¿Puede haber sexo sin ese deseo que nace del pensamiento?

Krishnamurti: Esto es algo que cada cual tiene que descubrir. El sexo desempeña un papel extraordinariamente importante en nuestras vidas porque tal vez es la única experiencia profunda, genuina, que tenemos. Intelectual y emocionalmente nos conformamos, imitamos, suscribimos, obedecemos. Hay dolor y desarmonía en todas nuestras interacciones, excepto en el acto sexual. Este acto es tan diferente y maravilloso que nos hacemos adictos a él, y de ese modo se convierte también en una esclavitud. La esclavitud es la exigencia de que continué, que proviene una vez más de ese «yo» que es divisivo por naturaleza. Vivimos tan coartados, intelectualmente, en la familia, en la comunidad, a causa de la moral social, de los preceptos religiosos, que esta es la única relación que nos queda en la que hay libertad e intensidad. Por eso le damos tan enorme importancia. Pero si hubiera libertad en el resto de nuestra vida, el sexo no sería objeto de un deseo impetuoso ni sería un problema. Como no la hay, lo convierto en un problema, ya sea porque no tengo suficientes ocasiones de satisfacerlo, o porque me siento culpable de satisfacerlo demasiado a menudo, o porque al satisfacerlo atento contra las reglas que la sociedad ha establecido. Es la vieja sociedad la que llama permisiva a la nueva porque para la nueva sociedad el sexo forma parte de la vida. Y si la mente se libera de la esclavitud que suponen la imitación, la autoridad, el conformismo y las imposiciones religiosas, el sexo ocupará el lugar que le corresponde, y dejará de dominarnos. Resulta, por tanto, evidente que la libertad es esencial para el amor; no la libertad de una revuelta, no la libertad de hacer lo que me viene en gana ni de ceder abierta o secretamente a mis apetencias, sino la libertad que nace de comprender en su totalidad la estructura y naturaleza de ese centro que es el «yo». Entonces la libertad es amor.

Interlocutor: ¿Así que la libertad no es hacer lo que uno quiera?

Krishnamurti: No. Hacer lo que uno quiera es una reacción, sigue siendo esclavitud. La libertad, el amor, no es una reacción, no es odio, ni celos, ni ambición, ni espíritu competitivo, acompañado del correspondiente miedo al fracaso. No es el amor a Dios ni el amor al ser humano, lo cual es una división más. El amor no es a uno ni a muchos. Cuando hay amor, es personal e impersonal, con y sin objeto. Es como el perfume de una flor; pueden olerlo uno o muchos: lo que importa es el perfume, no a quién le pertenece.

14. El problema no es el sexo, sino la falta de amor

Cuando somos jóvenes tenemos fuertes impulsos sexuales, y la mayoría tratamos de resolver esos deseos controlándolos y disciplinándolos, porque pensamos que, si no les ponemos freno, viviremos dominados por la lujuria. A las religiones organizadas les preocupa mucho nuestra moralidad sexual; en cambio, nos permiten emplear la violencia o asesinar en nombre del patriotismo, actuar por envidia y con una crueldad premeditada, ambicionar el éxito y el poder. ¿Cómo es que les preocupa tanto cierto tipo de moralidad, y no arremeten contra la explotación, la codicia y las guerras? ¿No será porque las religiones organizadas, dado que forman parte del sistema que entre todos hemos creado, dependen, para poder seguir existiendo, de nuestros miedos y esperanzas, de nuestra envidia y separatismo? Esto significa que, en el aspecto religioso como en todos los demás, la mente vive apresada en las proyecciones de sus propios deseos.

Mientras no comprendamos seriamente el proceso del deseo, la actual institución del matrimonio no será ni en Oriente ni en Occidente la solución al problema sexual. El amor no nace de firmar un contrato, ni se basa en que dos personas se den mutuamente placer, seguridad y comodidad. Todas estas son cosas de la mente, y por eso el amor ocupa un espacio tan reducido en nuestra vida. El amor no es de la mente, es independiente por completo del pensamiento y sus estratagemas, reacciones y exigencia de garantías. Cuando hay amor, el sexo nunca es un problema; el problema lo crea la falta de amor.

15. ¿Por qué pensamos en el sexo?

¿Por qué piensa la mente en el sexo? ¿Por qué? ¿Por qué se ha convertido el sexo en el tema central de nuestra vida? El sexo se convierte en un problema muy difícil y complejo porque no comprendemos a la mente que piensa en el problema. El acto en sí nunca puede ser problemático, pero pensar en el acto hace de él un problema.

3. Parejas

1. ¿Por qué se crea la dependencia en la relación?

Es cierto que en el aspecto físico dependemos del cartero, del lechero, del supermercado. Pero ¿qué significa depender psicológicamente? Y ¿tiene que haber por fuerza dependencia psicológica en toda relación?

Si lo analizo, veo con claridad por qué dependo. Me siento vacío, siento que me falta algo. No tengo suficiente energía, motivación, capacidad ni claridad, y por tanto dependo de alguien para que satisfaga esa carencia, esa falta de percepción, esa sensación de no bastarme a mí mismo ni moral, ni intelectual, ni emocional, ni físicamente. Dependo también porque quiero sentirme seguro. Lo primero que pide un niño es seguridad, y es lo que quiere la mayoría de la gente, una seguridad en la que está implícita la idea de bienestar. Estas son las razones que aparecen cuando trato de descubrir por qué dependo del otro emocional, intelectual y espiritualmente.

Dependo del otro porque me da placer, consuelo, satisfacción, una sensación de seguridad, equilibrio, armonía, complicidad, compañerismo. Vamos a examinar a continuación si algo de todo ello es real o es todo una fantasía. Me aferró a alguien emocional, física, intelectualmente o del modo que sea porque me siento aislado, separado de todos, y esa separación me hace sufrir. La necesidad de identificarme con el otro nace de esa sensación de aislamiento. No se trata de aceptar sin más que es así, sino de examinarlo, estudiarlo, investigarlo juntos.

2. ¿Por qué deseo tanto tener una pareja?

Como me siento solo, busco desesperadamente compañía, amistad, algo a lo que aferrarme. Esto es lo que hacemos todos. En los niveles más profundos de la conciencia, tenemos una permanente necesidad de encontrar algo o a alguien que nos llene a todos los niveles: una persona, una idea, una esperanza, algo que avive en nosotros una intensa sensación de ser alguien, algo con lo que poder identificarnos o que nos permita identificarnos con nosotros mismos. Tenemos esa necesidad a causa del vacío, el sentimiento de soledad y de carencia que nos deja nuestro constante comportamiento egocéntrico [...]. Pero si al final encontramos una persona o una idea a la que aferrarnos, en la interacción con ella sentimos desde el primer momento incertidumbre, miedo a que eso de lo que ahora dependemos sea quizá inconstante, inestable. Así que nos volvemos desconfiados, agresivos, exigentes, posesivos, dominantes. Y empieza la batalla.

El otro quiere ser libre, y yo no se lo puedo permitir; o mira a otra persona, y al instante me siento confundido, perdido, celoso, angustiado. Y a esto lo llamamos relación. Relación es estar en contacto con alguien, y yo no soy capaz de estar en contacto con nadie. Pero tengo miedo, me siento solo, angustiado y, como soy un egoísta, me aferro a esa persona. Ahora bien, ¿cómo puedo estar seguro de ella? […]. No puedo estar seguro de nada, y sin embargo me empeño en que esa persona me dé una seguridad en la que basar mi vida entera […].

Al oír esto, uno siente el impulso de no depender ya más de la persona que está a su lado. No funciona así; lo importante no es soltarse de una determinada persona, sino averiguar por qué necesito depender. Si comprendo esto con claridad, se acaba la dependencia. De lo contrario, quizá consiga soltarme de una persona, pero me aferraré a otra.

3. La llamamos relación de amor

La llamamos relación amorosa, decimos que en ella nos sentimos protegidos, le damos un sinfín de adjetivos absurdos, pero nunca investigamos qué es realmente la relación. Iniciamos una relación por la incertidumbre que sentimos dentro, por la necesidad de tener algo seguro, por la necesidad de saber que somos capaces de tener una relación. La dependencia que se crea así va más allá de lo físico; es más profunda y más sutil. Porque sin esa dependencia, ¿qué pasaría? Me sentiría perdido, iría a la deriva, sin un puerto donde echar el ancla y poder decir: «¡Estoy en casa! […]».

4. ¿Pasión o lujuria? ¿En qué radica la belleza del sexo?

Si el pensamiento forma una imagen del placer, lo que sentimos en ese momento es lujuria, no pasión, puesto que la pasión es libertad. Cuando el impulso sexual nace del placer, cuando es el placer lo que nos mueve, eso es lujuria. Si el sentimiento sexual nace del amor, no es lujuria, aunque haya en ese momento un intenso deleite […]. La belleza del sexo radica en la ausencia del «yo», del ego; y pensar en el sexo es reafirmar el ego, eso es placer […].

Interlocutor: ¿Qué es la pasión entonces?

Krishnamurti: La pasión tiene la cualidad de la dicha, del éxtasis, no del placer. En el placer existe siempre un sutil esfuerzo por encontrar lo que siento que necesito, un esfuerzo por conseguirlo y por conservarlo. En la pasión no hay necesidad, luego no hay esfuerzo. En la pasión no hay ni el más leve deseo de satisfacción, y por tanto no puede haber frustración ni dolor. La pasión me libera del «yo» […]. La pasión es la esencia de la vida, es lo vivo, lo que me mueve. Pero en cuanto interfiere el pensamiento con su ansia de conseguir y poseer, la pasión cesa.

5. ¿Por qué se ha vuelto tan importante el sexo?

¿Es posible vivir con inteligencia la pulsión sexual y no convertirla en un problema?

¿A qué nos referimos con la palabra «sexo»? ¿Al acto sexual en sí, o al pensamiento que nos excita, nos estimula y se adelanta al acto? […].

¿Por qué se ha convertido el sexo en un problema tan enorme en nuestra vida? […].

El sexo es un problema porque descubrimos que, misteriosamente, en el acto sexual hay completa ausencia del «yo». Como en ese momento soy feliz porque cesa en mí la conciencia de ser alguien, deseo prolongar ese estado de total fusión e integración en el que la desaparición momentánea del «yo» se traduce en felicidad absoluta. Naturalmente, se convierte en lo más importante de mi vida, ¿no es así? He descubierto algo que me da pura dicha, un completo olvido de mí mismo, y quiero que se repita una y otra vez. ¿Por qué quiero que se repita sin fin? Pues porque en todo lo demás vivo en conflicto […]. La relación que tengo con todo, con mis propiedades, la gente, las ideas, está llena de discordia, dolor, lucha, desengaño, así que, como es natural, quiero que el sexo sea una constante en mi vida, porque me hace feliz y todo lo demás es un tormento […].

Así que el problema no es el sexo, está claro, sino la necesidad de liberarme de mí mismo. He experimentado el estado de ser sin «yo» al menos por unos instantes, por un día […] y hay en mí una permanente añoranza de ese estado de liberación […].

Hasta que resolvamos todo lo que está en la base de este conflicto, esa única vía que conozco para liberarme momentáneamente del ego seguirá siendo un problema terrible […].

6. El amor no es un mero encuentro sexual

Y ¿cómo puedo tener amor? Porque, sin duda, el amor no nace de la mente. El amor no es simplemente el placer asociado con el acto sexual, ¿verdad? El amor es algo que la mente no puede concebir […].

Solo hay amor cuando me olvido por completo de mí, cuando soy libre; y esa libertad en la que aflora el amor nace de comprender la relación. Entonces, cuando hay amor, el acto sexual tiene un significado muy diferente. Entonces no es una evasión, no es un hábito […]. El amor es un estado de ser.

7. La homosexualidad es un hecho como lo es la heterosexualidad

Hay quien tiene serios prejuicios contra el hecho de la homosexualidad. Los maestros, durante siglos, han evitado hablar del tema […]. Ha sido una cuestión delicada durante miles y miles de años […]. Lo mismo que la heterosexualidad es un hecho, es un hecho que existe la homosexualidad en el mundo. ¿Por qué hemos hecho de ella un problema tan enorme? Si, al parecer, no consideramos que la heterosexualidad sea un problema, ¿por qué la homosexualidad sí? ¿Por qué, si es un hecho? ¿Podemos investigar la cuestión de la heterosexualidad y la homosexualidad desde una perspectiva diferente? No condenando una o la otra, o dando nuestra aprobación a una y haciendo como que la otra no existe, sino preguntándonos por qué la sexualidad, del tipo que sea, ha adquirido una importancia tan colosal.

8. Si no intentamos cambiar una montaña o a un pájaro, ¿por qué intentar cambiar las preferencias sexuales?

Solo una mente libre, un cerebro libre, vive sin problemas, porque puede mirar de frente los problemas y resolverlos de inmediato [...]. Tenemos problemas en la relación entre hombre y mujer o entre personas del mismo sexo. La homosexualidad en este país es cada día mayor, no es que en otros países no lo sea, pero aquí la situación está empezando a crecer, ya sabemos. Se trata de observar el hecho de la homosexualidad muy detenidamente, no de pretender cambiarla, dirigirla, de decir «no deberían ser así», «deberían ser de otra manera», o «ayúdeme a superarlo», sino de observar. No podemos cambiar el perfil de esa montaña, el vuelo del pájaro ni el agua impetuosa del torrente. Los observamos y vemos su belleza. Pero si al observar decimos: «Esto no es tan bello como la montaña que vi ayer», no estamos observando, sino simplemente comparando.

9. Compartir es estar en comunión

La vida es un constante movimiento de relación. Y si estoy completamente alerta, atento a todo lo que sucede en el mundo, empiezo a comprender este movimiento que es la vida; no desde un punto de vista científico, biológico o tradicional, o con intención de adquirir conocimientos sobre ella, sino con una perspectiva total. Sin esa comprensión, es imposible compartir.

No sé si conocemos el significado tan extraordinario de esta palabra. Tal vez compartamos en alguna medida dinero, ropa o, si tenemos un poco de comida de sobra, se la ofrezcamos a alguien, la compartamos. Más allá de eso, apenas compartimos nada con los demás. Compartir una experiencia no es solo una comunicación verbal, es decir, no es solo comprender el significado de las palabras y su naturaleza. Compartir es también comunión, y estar en comunión es una de las cosas más difíciles en la vida. Quizá sepamos comunicar con claridad lo que tenemos, o queremos o esperamos tener, pero estar en comunión con otro ser humano es extremadamente difícil.

Porque para estar en comunión, quien habla y quien escucha han de tener ambos la misma intensidad, la misma pasión, estar en el mismo nivel. Ha de haber en ellos, a un mismo tiempo, un estado de ser que no acepta ni rechaza, sino que escucha de verdad. Solo así hay posibilidad de comunión, de estar en comunión con algo o alguien. Estar en comunión con la naturaleza es relativamente fácil. Y para estar en comunión con un objeto, una obra de arte, por ejemplo, basta con que no haya una barrera verbal o intelectual entre el observador, que es uno mismo, y aquello que se observa. Pero estar en comunión con otro ser humano conlleva un estado quizá de afecto, un estado de intensa presencia desde el que encontrarse a un tiempo en el mismo nivel y con la misma intensidad. Si no, es imposible la comunicación, en especial esa comunión que es la esencia del compartir. Y la comunión es un fenómeno asombroso, porque es esa comunión la que de hecho transforma por completo la cualidad de la mente.

Está claro que el amor, y me refiero ahora a lo que cualquier persona entiende por amor, solo es posible si existe el acto de compartir, para el que inevitablemente debe haber una peculiar intensidad de comunicación no verbal, al mismo tiempo y en el mismo nivel. Sin ella, no es amor, es puro sentimentalismo y emocionalidad, lo cual no vale nada.

Nuestra vida diaria, no un momento escogido, unos segundos, sino el vivir diario, es un acto de transmitir, escuchar y comprender. Sin embargo, a la mayoría nos resulta enormemente difícil escuchar. Escuchar es un arte, más sublime que ningún otro. Rara vez escuchamos, porque la mayoría estamos demasiado ocupados con nuestros problemas, con nuestras opiniones e ideas, con el interminable parloteo mental de nuestras contradicciones, fantasías, mitos y ambiciones. Rara vez presto atención, no solo a lo que dice el otro, sino a los pájaros, a la puesta de sol, a los reflejos en el agua. Rara vez escucho o veo. Pero si sé escuchar, lo cual exige una energía extraordinaria, en ese acto de escuchar hay total comunión. Las palabras, el significado de las palabras y su ordenación en la frase son entonces muy poco relevantes. Entonces la otra persona y yo compartimos plenamente el descubrir la verdad o la falsedad de lo que se dice. A la mayoría nos resulta muy difícil escuchar, y, sin embargo, únicamente escuchando es posible aprender.

10. Un amigo o un amante no es un mueble

Una relación basada en la necesidad mutua genera solamente conflicto. Por muy nivelada que esté esa interdependencia, nos utilizamos el uno al otro con un determinado propósito, una finalidad. Si hay una finalidad a la vista, no hay relación: yo utilizo al otro y el otro me utiliza a mí, y en esa utilización mutua perdemos el contacto. Una sociedad basada en la utilización mutua es caldo de cultivo para la violencia. Cuando utilizamos a otro, solo tenemos en mente lo que queremos conseguir de ella o de él, y ese objetivo, esa ganancia, impide la relación, la comunión. Cuando utilizo a otra persona, por muy reconfortante y placentero que sea tanto para mí como para ella, siempre tengo miedo de perderla. Para dejar de tener miedo, necesito sentir que es mía, y de esa posesión nacen la envidia, la desconfianza, el conflicto permanente. En una relación así jamás puede haber felicidad.

Una sociedad cuya estructura se basa en la mera satisfacción de las necesidades, ya sean físicas o psicológicas, por fuerza ha de engendrar conflicto, confusión y desdicha. La sociedad es una proyección de mí en la relación con el otro, una relación en la que predominan la necesidad y la utilización mutua. Cuando utilizo al otro para que satisfaga mis necesidades físicas o psicológicas, la realidad es que no hay relación, la realidad es que no tengo contacto con el otro, no hay comunión. ¿Cómo puede haber comunión con el otro si lo utilizo como si fuera un mueble, si lo que quiero es que me haga la vida más agradable, más cómoda? Por tanto, es fundamental comprender el significado de la relación en la vida diaria.

11. Amar y ser amado

¿No es muy importante, cuando somos jóvenes, amar y ser amados? Me parece que la mayoría ni amamos ni nos sentimos amados. Por eso, creo que es esencial comprender con toda seriedad este problema mientras somos jóvenes, porque es posible que a esta edad tengamos la sensibilidad suficiente para sentir amor, para percibir su cualidad, su perfume, y quizá así, al hacernos mayores, no lo destruiremos por completo. De modo que vamos a considerar la siguiente cuestión: que lo importante no es que me amen, sino amar. ¿Qué significa amar? ¿Es un ideal? ¿Es algo que existe a lo lejos, inalcanzable, o es algo que todos podemos sentir en algún momento del día? Sentirlo, darme cuenta, conocer la cualidad de la compasión, la cualidad de la comprensión, de la ayuda espontánea. De ayudar a alguien sin ningún motivo, de ser generoso y tener aprecio, afecto por algo: afecto por un perro, amabilidad con un anciano, generosidad y comprensión con un amigo... Esto es para nosotros amor, ¿verdad? Y ¿no es el amor un estado en el que no existe ningún resentimiento, un estado que es eterno perdón? ¿Es posible sentir esto mientras se es joven? De jóvenes, la mayoría tenemos ese interés y afecto por lo que nos rodea: el perro, el anciano, la gente común. ¿No debería eso formar parte de nuestra vida? ¿No deberíamos encontrar siempre algún momento del día en que ayudar a otro, cuidar de un árbol, del jardín, o ayudar en casa o en la residencia donde vivimos, de manera que, al ir madurando, sepamos lo que es ser espontáneamente considerados, no lo que es mostrar una consideración forzada, lo cual, en definitiva, es algo que hacemos para sentirnos bien nosotros, sino una consideración natural, sin ningún motivo? ¿No es importante descubrir cuando se es joven la cualidad del verdadero afecto? Esa cualidad no se puede forzar ni fingir. Uno la ha de tener realmente, y han de tenerla también quienes están a nuestro cargo: el tutor, el padre, la madre, los profesores. La mayoría de la gente no la tiene. Solo les importan sus logros, sus aspiraciones, sus éxitos, demostrar cuánto saben y todo lo que han hecho en su vida. Dan una importancia tan colosal a su pasado que acaba por destruirlos.

Así pues, mientras uno es joven, ¿no debería saber lo que es ocuparse de su habitación, ayudar en casa, cuidar de unos árboles que uno mismo ha plantado, y experimentar así ese sutil sentimiento de compasión, de afecto, de generosidad? No una generosidad obligada, sino verdadera generosidad, que significa compartir con otro lo poco que uno tenga. Si no, si cuando uno es joven no siente eso, será muy difícil que lo sienta cuando sea mayor. Pero si uno tiene ese sentimiento de amor, de generosidad, de amabilidad y de bondad, entonces quizá pueda despertar eso mismo en los demás.

4. Abstinencia y castidad

1. La abstinencia es control

El ser humano ha intentado desde siempre alcanzar un estado sublime, de dicha, de verdad, y para ello se ha torturado. Ha intentado
disciplinar la mente, controlarla. Se ha sacrificado, ha practicado la
abstinencia, la austeridad [...].

Todos los sistemas religiosos del este y el oeste implican un
control constante, forzar la mente de continuo a ajustarse al modelo establecido por el sacerdote, por los libros sagrados, por todos
esos preceptos que están en la esencia misma de la violencia. Hay
violencia no solo en renunciar al sexo, sino en renunciar a todas las
formas de deseo, a todas las formas de belleza [...].

2. El voto de abstinencia es un desperdicio de energía, lo cual no significa que uno debe entregarse a ciegas a sus apetencias

Hago voto de abstinencia [...] y me reprimo, me controlo, lucho constantemente contra mí mismo el resto de mi vida para mantener ese voto. ¡Qué desperdicio de energía! También es una pérdida de energía ceder continuamente a mis apetencias, pero las repercusiones son mucho mayores cuando las reprimo. El esfuerzo que hago por reprimirlas, por controlarme, por aniquilar el deseo distorsiona la mente [...].

3. La abstinencia es simple control, la castidad es amor

Solo es posible la castidad cuando hay amor. Sin amor no hay castidad. Sin amor, la castidad no es sino una forma encubierta de lujuria [...]. Cuando hay amor, la castidad deja de ser un problema. Entonces la vida no es un problema. La vida se ha de vivir al completo en la plenitud del amor, esa es la revolución de la que nacerá un mundo nuevo.

4. Cuando hay amor, el sexo ocupa su lugar legítimo

Un corazón disciplinado, un corazón reprimido, no puede saber lo que es el amor. El corazón no puede saber lo que es el amor si vive atrapado en el hábito, en las sensaciones, da igual que sean religiosas o físicas, psicológicas o de los sentidos […]. Solo en una mente y un corazón que se han liberado del miedo y de las rutinas marcadas por los hábitos de gratificación sensorial, hay generosidad y compasión, hay amor. Ese amor es casto.

5. El matrimonio y la amistad

1. Nunca estamos de verdad con nadie porque vivimos en nuestros propios pensamientos

Todos queremos encontrar un compañero, una compañera, con quien tener una relación sexual, que al fin y al cabo es una necesidad biológica. Y queremos también que sea alguien en quien poder confiar, que nos dé seguridad, apoyo, que nos haga sentirnos bien. Como no soy capaz de vivir solo, de valerme por mí mismo, me digo que la solución es casarme, tener una amiga o amigo íntimo, alguien con quien compartir mi vida. La realidad luego es que no compartimos nuestra vida con nadie porque vivimos en nuestros propios pensamientos, nuestros problemas, nuestras ambiciones. Me uno a otra persona porque me da miedo ser independiente, estar solo, porque la vida es muy compleja y problemática y necesito a alguien a mi lado con quien hablar de todas esas cosas. Y, además, vivir en pareja significa tener una relación sexual, hijos y todo lo demás. Pero si en esa relación no hay amor, solo nos utilizaremos mutuamente, nos aprovecharemos el uno del otro […].

Así que tenemos que descubrir cómo vivir con otra persona sin conflicto […]. Eso requiere mucha inteligencia e integridad.

2. Relación significa estar en contacto

La palabra «relación» significa estar en contacto, tener con otra persona un sentimiento de unidad. No como dos entidades separadas que se sienten completas cuando están juntas, sino que, de la propia relación, nace esa cualidad, ese sentimiento de no ser entidades separadas […].

¿Alguna vez nos relacionamos en el sentido profundo, esencial, de esta palabra? ¿Puede haber una relación de esta clase, sin perturbaciones, en completa calma, como el fondo del mar?

3. La relación es un constante florecer

Cuando existe en mí esa cualidad de la mente, del cerebro, ese sentimiento de que la relación es un constante florecer, un movimiento, de que la relación no es estática, sino que está viva, y no puedo encerrarla en una jaula y decirle «quieta, no te muevas de ahí», entonces puedo preguntarme qué es el matrimonio. ¿Qué es la vida en pareja, convivir con otra persona, relacionarme sexualmente con ella, ser compañeros, darnos la mano, hablar? [...].

La responsabilidad es fundamental, ¿no es cierto? Soy responsable de las personas con la que vivo. Y ser responsable en la relación con mi pareja y mis hijos es asumir la responsabilidad por todo lo que sucede en el mundo [...].

Si tengo hijos, si los amo y me siento responsable de ellos, soy responsable de todo lo que suceda en sus vidas, y ellos serán responsables de mí durante toda su vida. Debo cuidar de que reciban la educación adecuada, de que no acaben masacrados en una guerra [...].

Si no existe en mí esta calidad de amor, todo lo demás es irrelevante.

4. En el hábito no hay amor

Únicamente para los muy, muy pocos que aman, tiene significado la relación del matrimonio. Esa relación es entonces indestructible. Entonces no es puro hábito o una interacción de conveniencia, ni está basada en la satisfacción de las necesidades biológicas, sexuales. En ese amor, que es incondicional, las identidades se fusionan [...].

Sin embargo, en la mayoría de los casos, la relación matrimonial no es fusión [...]. Yo vivo en mi aislamiento y mi pareja vive en el suyo, y hemos establecido unos hábitos de satisfacción sexual [...].

El amor no puede ser un hábito. El amor es pura dicha, es creativo, siempre nuevo. El hábito es justamente lo opuesto del amor. Y como vivo atrapado en el hábito, naturalmente la relación rutinaria que tengo con mi pareja está muerta [...]. Esto significa que, como individuo responsable en la relación, tengo que hacer algo […]. Y solo puedo actuar cuando hay un despertar de la mente y el corazón.

5. Sin duda, tiene que ser posible relacionarse sexualmente con alguien a quien se ama sin que vaya seguido de la pesadilla habitual

¿No pueden dos personas enamoradas ser tan inteligentes y sensibles que en su relación haya libertad y esté ausente el centro generador de conflictos? El conflicto no se corresponde con estar enamorado. Cuando se está enamorado, no puede haber conflicto, puesto que la energía es una, sin fragmentación. La fragmentación viene después, en todo lo que sigue: los celos, la posesividad, la desconfianza, las dudas, el miedo a perder ese amor, la exigencia constante de garantías. Sin duda, tiene que ser posible relacionarse sexualmente con alguien a quien se ama sin que vaya seguido de la pesadilla habitual. Por supuesto que es posible.

6. Los profesores, la escuela, la educación y el estudiante

1. ¿Por qué se nos educa?

¿Hemos pensado alguna vez por qué se nos educa, por qué estudiamos historia, matemáticas, geografía o cualquier otra materia? ¿Nos hemos preguntado alguna vez por qué vamos al colegio, al instituto o a la universidad? ¿No es muy importante descubrir por qué se nos obliga a memorizar tanta información, a tener tantos conocimientos? ¿Qué es todo esto a lo que llamamos educación? Nuestros padres nos mandan a la escuela, al instituto, quizá porque ellos aprobaron ciertos exámenes y consiguieron diversos títulos, pero ¿nos hemos preguntado por qué estamos aquí? Y los profesores, ¿nos lo han preguntado alguna vez? ¿Saben los profesores por qué están ellos aquí? ¿No deberíamos tratar de descubrir qué sentido tiene todo este esfuerzo, esta lucha por estudiar, aprobar los exámenes, aprender a no tener miedo de vivir lejos de casa, a ser hábiles en algún deporte y todo lo demás? ¿No deberían nuestros profesores ayudarnos a investigar todo esto, en lugar de simplemente prepararnos para aprobar exámenes? […].

La mayoría de los jóvenes estudian para conseguir un trabajo, esa es su aspiración en la vida. Pero una vez que lo encuentran, ¿qué sucede? Se casan, tienen hijos y se quedan atrapados el resto de su vida en esa maquinaria, ¿no es cierto? Una persona se hace ejecutiva, abogada o policía. Las discusiones con su pareja y con sus hijos no terminan nunca. Su vida es, hasta el día que se muere, una batalla constante.

¿No es esto lo que sucede? ¿No es lo que vemos en nuestra familia y a nuestro alrededor? Si nos hemos dado cuenta de que es siempre así, ¿no deberíamos averiguar cuál es el significado de la educación, por qué se nos educa, por qué quieren nuestros padres que estudiemos, por qué nos dan discursos interminables sobre la importancia de que haya educación en el mundo? A menos que lo hagamos, quizá estudiar nos sirva para poder leer las obras de Bernard Shaw, o citar a Shakespeare, a Voltaire o a algún filósofo moderno, pero si no tenemos inteligencia, si no somos creativos, ¿qué sentido tiene toda esa educación?

Luego, ¿no es muy importante que profesores y estudiantes descubramos cómo ser inteligentes? La educación no consiste solo en saber leer y en aprobar exámenes; cualquier persona lista puede hacer eso. La educación consiste en cultivar la inteligencia. Por inteligencia, entiendo no la astucia o el tratar de ser lo bastante hábil como para destacar por encima de los demás. La inteligencia es algo muy distinto. La inteligencia aparece cuando no tengo miedo. ¿Y en qué momentos tengo miedo? Tengo miedo cuando pienso en lo que la gente puede decir de mí, o en lo que me pueden decir mis padres. Tengo miedo de que me critiquen, de que me castiguen, de no aprobar un examen. Cuando un profesor me riñe, o cuando se ríen de mí en la clase o paso desapercibido en la escuela, poco a poco el miedo se instala dentro de mí.

El miedo nos impide ser inteligentes. Así que el principal propósito de la educación debe ser ayudar al estudiante, a todos nosotros, a descubrir las causas del miedo y a comprenderlas, para que desde la infancia podamos vivir sin miedo.

2. La verdadera educación nos ayuda a comprender la vida, no solo a conseguir recompensas

El propósito de la auténtica educación es la libertad individual, ya que solo desde la libertad es posible una verdadera cooperación con los demás, con todo. Pero no encontraré esa libertad esforzándome por destacar y triunfar. La libertad nace de conocerme a mí mismo. Cuando la mente atraviesa todos los obstáculos que ella misma se ha puesto para sentirse segura, hay libertad.

La función de la educación es ayudar a cada individuo a descubrir todos esos impedimentos psicológicos, y no simplemente a imponerle nuevos modelos de conducta, nuevas maneras de pensar. Es imposible que ninguna de esas imposiciones despierte la inteligencia, la agudeza de comprensión en el estudiante, lo único que se consigue con ellas es condicionarlo todavía más. Sin duda, esto es lo que está sucediendo en el mundo entero, y por eso nuestros problemas continúan y se multiplican.

Solo si empezamos a comprender el verdadero significado de la vida humana, puede haber auténtica educación. Pero para comprenderlo, la mente debe ser inteligente y liberarse del deseo de recompensa, que solo provoca miedo y conformismo. Si tratamos a nuestros hijos como si fueran propiedad nuestra, si son para nosotros la continuación de nuestros ridículos egos y los encargados de cumplir nuestras ambiciones, entonces construiremos entre todos una sociedad en la que no habrá amor, sino solo interés en la ganancia egoísta.

3. La auténtica educación

La auténtica educación no se puede impartir en masa. Estudiar a cada niño y cada niña requiere paciencia, inteligencia, gran atención. Requiere observar sus tendencias, aptitudes y temperamento, comprender sus dificultades, tener en cuenta lo que ha heredado y aprendido de sus padres, en lugar de simplemente encasillar a ese niño o esa niña en una u otra categoría. Para ello es necesario tener una mente despierta y flexible, una mente que no esté limitada por ningún sistema teórico ni prejuicio de ninguna clase. Es necesario tener perspicacia, un serio interés y, por encima de todo, un profundo afecto. Formar a educadores para que tengan estas cualidades es uno de los mayores problemas de nuestro tiempo.

El espíritu de libertad individual e inteligencia debe estar presente en todos los aspectos de la escuela en todo momento. No es algo que pueda dejarse al azar. Incluir ocasionalmente en el discurso las palabras «libertad» e «inteligencia» no sirve para nada.

Es muy importante que estudiantes y profesores se reúnan con regularidad para tratar juntos las cuestiones relacionadas con el bienestar de todo el grupo. Debe formarse un consejo estudiantil, en el que estén representados los profesores, que se encargue de resolver todos los asuntos de disciplina, limpieza, comida y demás, y que sirva también para orientar a cualquier estudiante que tenga un comportamiento caprichoso, indiferente u obstinado.

Los estudiantes deben elegir dentro del grupo a aquellos que serán los responsables de que se cumplan las decisiones acordadas y de colaborar en la supervisión general del centro. Al fin y al cabo, el autogobierno en la escuela es una preparación para el gobierno de sí mismos posteriormente en la vida. Si, mientras está en la escuela, el estudiante aprende a ser considerado, objetivo e inteligente en cualquier discusión referente a los problemas cotidianos, cuando sea mayor podrá afrontar con eficacia y serenidad las situaciones mucho más serias y complejas que le presentará la vida. La escuela debe alentar en el estudiante el interés por comprender las dificultades y peculiaridades de sus compañeros, sus cambios de humor y sus enfados, ya que así, al ir haciéndose mayor, será más comprensivo y paciente en sus relaciones con los demás.

El espíritu de libertad e inteligencia debe extenderse también a lo académico. Para que el estudiante sea creativo, y no un autómata, no se le debe obligar a aceptar fórmulas y conclusiones. Incluso en el estudio de la ciencia, debemos razonar con el estudiante para ayudarle a comprender en su totalidad cualquier cuestión y a utilizar su propio criterio.

* * *

Si al educador le importa la libertad del individuo, y no simplemen-te imponer sus ideas, ayudará al estudiante a descubrir esa libertad animándole a comprender su entorno, su temperamento, el contexto religioso y familiar en que ha crecido, y la influencia que todo eso posiblemente haya tenido en ella o en él.

4. Descubrir qué nos interesa

La auténtica educación debe ayudar además al estudiante a descubrir lo que más le interesa. Porque si no encuentra su verdadera vocación, con el tiempo sentirá que ha malgastado su vida. Se sentirá frustrado, haciendo algo que no le gusta.

Si quiere ser artista y acaba trabajando en una oficina, se pasará la vida quejándose y consumiéndose. Por eso es tan importante que cada estudiante descubra qué quiere hacer, y examine luego si tiene sentido hacerlo [...].

La auténtica educación debe ayudar al estudiante no solo a de-sarrollar sus capacidades, sino también a comprender cuál es su mayor interés. En un mundo devastado por las guerras, tan lleno de destrucción y desdicha, uno debe contribuir a crear un nuevo orden social y una manera de vivir diferente.

La responsabilidad de construir una sociedad pacífica y conscien-te recae principalmente en el educador. Es obvio, por tanto, y esto debe entenderse sin emocionalidad, que el educador y la educadora tienen la extraordinaria oportunidad de ayudar a conseguir esa trans-formación social. La verdadera educación no depende de las norma-tivas del gobierno ni de los métodos de ningún sistema pedagógico. Está en nuestras manos, en las manos de los padres y los profesores.

Si al padre y la madre les importaran realmente sus hijos, crearían una sociedad nueva. Pero la mayoría de los padres no dan importancia a lo fundamental, así que no tienen tiempo para atender este problema tan urgente. Tienen tiempo para ganar dinero, para divertirse, para ir al templo o a la iglesia, pero no tienen tiempo para pensar en cuál es la educación correcta para sus hijos. Eso es algo que la mayoría de la gente no se quiere plantear. Porque planteárselo significaría dejar a un lado sus diversiones y distracciones, y no están dispuestos a hacerlo. Así que mandan a sus hijos a escuelas e institutos donde los profesores no se ocupan de la verdadera educación de los hijos más de lo que se ocupan el padre y la madre. ¿Por qué lo iban a hacer? Para ellos enseñar es solo un trabajo, una forma de ganar dinero.

Si nos asomamos detrás del telón, vemos que este mundo que hemos creado es tan superficial, tan artificial, tan feo que nos dedicamos a decorar el telón esperando que las cosas se arreglen solas. Por desgracia, la mayoría nos tomamos la vida muy poco en serio, salvo quizá en lo referente a ganar dinero, a conseguir poder o a satisfacer nuestro deseo sexual. Nadie quiere afrontar las demás complejidades de la vida. Así que, cuando los hijos se hacen mayores, son igual de inmaduros que sus padres, están igual de divididos interiormente y viven en constante lucha consigo mismos y con el mundo.

¡Decimos con tanta facilidad que amamos a nuestros hijos! Pero ¿hay amor en nuestros corazones cuando aceptamos las actuales condiciones sociales, cuando nos negamos a colaborar en la transformación radical de esta sociedad destructiva? Mientras dejemos en manos de los especialistas la educación de nuestros hijos, la confusión y desdicha actuales continuarán, porque a los especialistas les interesa una determinada parte del individuo, no la totalidad del ser, dado que también ellos están interiormente fragmentados.

En lugar de ser la ocupación más respetada y de mayor responsabilidad, en la actualidadel el trabajo del educador se menosprecia, y la mayoría de los educadores están anclados en la rutina. No les interesan realmente la integración del ser humano y la inteligencia, solo les importa transmitir información. Y alguien que se limita a transmitir información mientras el mundo salta en pedazos no es en verdad un educador.

Un educador no es un simple transmisor de información, es alguien que señala el camino hacia la sabiduría, hacia la verdad. La verdad es mucho más importante que el profesor […]. Para crear una sociedad nueva, debemos ser cada uno un verdadero profesor, lo cual significa que tenemos que ser a la vez estudiante y profesor. Tenemos que educarnos a nosotros mismos.

5. Liberarse del condicionamiento y del conformismo

El niño, la niña, es un depósito de influencias, ¿no es cierto? Recibe influencias no solo nuestras, sino de su entorno, la escuela, el clima, la comida, los libros que lee. Si sus padres son católicos o comunistas, le inculcan deliberadamente las ideas correspondientes, le condicionan. Esto es lo que hace todo padre, madre y profesor, cada cual con aquello en lo que cree. ¿Podemos, por tanto, ser conscientes de que existen en el niño, en la niña, estas múltiples influencias, y ayudarle a darse cuenta de ellas para que no crezca con las limitaciones impuestas por ninguna de ellas? Sin duda, lo importante es ayudar al niño a que pueda madurar sin estar condicionado como católico, como hindú o como australiano, para que pueda crecer como un ser humano totalmente inteligente. Esto solo puede suceder si, como padre, madre o profesor, de verdad comprendo que debe haber libertad desde el principio.

La libertad no es fruto de la disciplina. La libertad no es algo que el niño debe conseguir una vez que le hemos condicionado la mente o mientras se la condicionamos. Tendrá libertad solo si nosotros somos conscientes de todas las influencias que condicionan nuestra mente y le ayudamos a estar igual de atento a las suyas, para que no se quede atrapado en ninguna de ellas. El problema es que la mayoría de los padres y profesores creen que el niño debe amoldarse a la sociedad. Piensan: ¿qué será de él si no se amolda? Casi todo el mundo asume que es imperativo y esencial conformarse, ¿no es cierto? Hemos aceptado la idea de que el niño se tiene que adaptar a la civilización, a la cultura, a la sociedad en la que vive. Lo damos por hecho. Y la educación va dirigida a ayudarle a amoldarse, a ajustarse a ella.

Pero ¿es necesario que el niño se amolde a la sociedad? Si el padre, la madre o el profesor sienten que lo imperativo y esencial es la libertad, y no el adaptarse sin más a lo que le rodea, entonces, mientras va haciéndose mayor, el niño estará atento a las influencias que condicionen su mente y no se amoldará a la sociedad actual, a su codicia, corrupción y violencia, a sus dogmas y su autoritarismo. Esas personas crearán una sociedad totalmente distinta.

Soñamos con que un día se hará realidad la utopía. En teoría suena bien, pero esa sociedad ideal no llega, y me temo que el educador, así como los padres, necesitan educarse para poder educar de verdad. Si solo nos importa condicionar al niño para que se adapte a una determinada cultura o sistema social, perpetuaremos el actual estado de interminable lucha con nosotros mismos y con los demás, y seguiremos sufriendo y lamentándonos.

7. El padre, la madre, la sociedad y yo

1. ¿Qué quieren realmente los padres?

En general, se considera respetable que los padres quieran educar a sus hijos para que encajen en la sociedad, se adapten a ella y ajusten su forma de pensar a las exigencias sociales, es decir, que quieran ayudarlos a prepararse para ejercer una profesión con la que ganarse bien la vida. Quieren que a sus hijos se les eduque para aprobar exámenes, obtener un título en alguna universidad y conseguir luego un buen trabajo, una posición segura en la sociedad. Esa es la mayor preocupación para la mayoría de los padres.

Inevitablemente, esto nos hace tener que preguntarnos algo tan complejo como cuál es el condicionamiento de ese padre, de esa madre y del educador, ¿no es cierto? Significa, en realidad, que debemos investigar qué es la sociedad, y si el propósito de la educación es simplemente condicionar al estudiante para que sirva a la sociedad según el modelo establecido. La siguiente cuestión es: cuando el estudiante se ha hecho mayor y sale de la universidad, ¿debe oponerse a la sociedad, o debe ser capaz de crear una sociedad radicalmente nueva? Como padres, ¿qué es lo que queremos?

2. La función social de la educación

Interlocutor: Hay algo que claramente no queremos, y es que un joven que ha recibido una buena educación en una escuela de élite se sienta con derecho a exigir privilegios de la sociedad. Esa gente no da nada a cambio de lo que recibe, y únicamente empobrece el país.

Krishnamurti: La pregunta, por tanto, es: ¿cómo puede la educación ayudar al estudiante desde la infancia, durante la adolescencia y hasta la madurez a no ser antisocial? [...]. Es importante darnos cuenta de que, cuando hablamos de educarle para que no sea antisocial, está implícito en ello condicionarle para que no rompa con el modelo establecido. Mientras el estudiante se ajuste a la sociedad, mientras se mantenga dentro de ese modelo, consideramos que es un valioso bien para la sociedad, pero en cuanto rompe con el modelo decimos que es antisocial.

De modo que ¿es la función de la educación simplemente moldear al estudiante para que encaje en una sociedad determinada o debería la educación ayudarle a entender qué es la sociedad, ayudarle a ver la corrupción que hay en ella, su tendencia destructiva y desintegradora, a que comprenda el proceso completo y se salga de él? Salirse de él no es antisocial, sino todo lo contrario. No querer amoldarse a ninguna sociedad es la verdadera acción social.

3. ¿Cuál es la relación entre padres e hijos?

Si soy padre o madre, ¿qué relación tengo con mi hijo? Antes de nada, ¿tengo alguna relación con él? Esa persona es mi hijo o mi hija, pero ¿hay realmente alguna relación, contacto, compañerismo, comunión entre mi hijo o mi hija y yo, o estoy demasiado ocupado en ganar dinero o en hacer lo que sea y por eso lo mando al colegio? La realidad es que no tengo verdadero contacto ni comunión con ese niño o esa niña, ¿no es cierto? Si soy un padre o una madre atareado en todo momento, como suele ocurrir, y solo quiero que mis hijos sean algo, por ejemplo médico, abogado o ingeniero, ¿tengo alguna relación con ellos, aunque los haya engendrado?

Interlocutor: Siento que debería tener una relación de verdad con mi hija, y espero ser capaz de establecer con ella una relación que le sirva de auténtico apoyo. ¿Qué debo hacer?

Krishnamurti: Estamos hablando de la relación del padre y la madre con los hijos, y nos preguntamos si tenemos de verdad relación con ellos, aunque demos por hecho que sí. ¿Qué clase de relación es? Hemos engendrado a esa hija, a ese hijo y queremos que estudien, que vayan a la universidad, pero ¿tenemos de verdad alguna otra relación con ellos? El hombre acaudalado tiene sus entretenimientos, sus preocupaciones. Como no le queda tiempo que dedicarle a su hijo, lo ve de forma ocasional y, cuando el niño tiene la edad indicada, lo manda a la escuela y ahí acaba todo. Los padres de clase media están igualmente demasiado ocupados como para poder tener ningún tipo de relación con sus hijos, porque tienen que ir cada día a la oficina o al despacho. Y la relación de un hombre pobre con su hijo es laboral, porque también el hijo tiene que trabajar.

4. El padre y la madre que aman cambian, para que sus hijos puedan cambiar

Así pues, vamos a especificar el significado de la palabra «relación» en nuestra vida. ¿Cuál es mi relación con la sociedad? Porque la sociedad es relación, ¿no es cierto? Si realmente tuviese un profundo sentimiento de amor por mi hijo, ese amor provocaría de por sí una revolución. Porque me negaría a que mi hijo se amoldara a la sociedad y viera destruida por completo su iniciativa. Me negaría a que viviera aplastado por la tradición y la corrupción, encogido de miedo, inclinándose ante los de arriba y pisoteando a los de abajo. Haría cuanto estuviese en mi mano para que esta sociedad corrompida dejara de existir, para que las guerras y todas las formas de violencia terminaran. Sin duda, amar a nuestros hijos significa encontrar la manera de educarlos para que no se limiten a encajar en la sociedad.

Por tanto, ¿cuál es la función de la educación? ¿No es ayudar al estudiante a que comprenda qué intereses, motivaciones e impulsos hay en él que contribuyen a reforzar el modelo de una sociedad

destructiva? ¿No es ayudarle a comprender sus propios condiciona-
mientos, sus propias limitaciones, y a romper con ellos?

Interlocutor: Creo que primero el niño debe comprender cómo es la
sociedad en la que vive. Si no, ¿cómo va a romper con ella?

Krishnamurti: Los niños forman parte de la sociedad, están en contacto con ella a diario y se dan cuenta de la corrupción que los rodea.
La cuestión es: ¿cómo vamos a ayudarlos, por medio de la educación,
a comprender todo lo que se deriva de esta sociedad y a liberarse de
ello, para que puedan crear un orden social radicalmente diferente?

5. Tanto el padre y la madre como el profesor necesitan educarse

Interlocutor: Es inevitable que el niño común se amolde al sistema.

Krishnamurti: No existe «el niño común», lo que quizá sí existe es
el profesor común que está muerto de miedo. Por eso, el educador
necesita educarse. Él también tiene que cambiar, en vez de amoldarse
sin más a la sociedad.

6. El problema no son los jóvenes

La auténtica educación empieza por el educador, que debe comprenderse a sí mismo y romper con los patrones de pensamiento estableci-
dos, pues lo que él sea es lo que impartirá. Si él no se ha educado de

verdad, ¿qué puede enseñar, salvo los mismos conocimientos que a él le enseñaron mecánicamente? El problema, por tanto, no son los niños, sino los padres y los profesores. El problema es educar al educador.

Si los educadores no nos comprendemos a nosotros mismos, si no comprendemos nuestra relación con el joven y nos limitamos a atiborrarle de información y a hacerle aprobar exámenes, ¿cómo podemos crear una nueva clase de educación? El estudiante necesita que se le ayude y se le oriente. Pero si el orientador está él mismo confundido, si tiene una perspectiva limitada por sus convicciones nacionalistas y basada en teorías, entonces el estudiante será naturalmente lo mismo que él, lo que significa que la educación se convierte en una fuente más de confusión, en una carga más […].

Ocuparnos de nuestra propia reeducación es mucho más importante que preocuparnos por el futuro bienestar y seguridad del niño.

7. ¿Se nos enseña a pensar o se nos enseña qué pensar?

Educar al educador, es decir, hacerle darse cuenta de que es fundamental que se comprenda a sí mismo, es sumamente difícil, porque en la mayoría de nosotros ha cristalizado ya un sistema de pensamiento, un modelo de acción, y nos hemos identificado por entero con una ideología, una religión o un determinado patrón de conducta. Esa es la razón de que le enseñemos al niño, no a pensar, sino lo que debe pensar.

Además, los padres y los profesores tienen la mente ocupada con sus propios conflictos y tormentos. Ricos o pobres, la mayoría de los padres viven absorbidos en sus preocupaciones y frustraciones personales. No les preocupa seriamente el actual deterioro social y moral, quieren solo que sus hijos estén lo bastante preparados como para poder desenvolverse en el mundo. Lo que les preocupa es que reciban una buena educación y encuentren un puesto de trabajo seguro, o que se casen con alguien de buena posición.

En contra de lo que generalmente se cree, la mayoría de los padres no aman a sus hijos, por mucho que hablen del amor que sienten por ellos. Si el padre y la madre amaran de verdad a sus hijos, no les inculcarían el fervor a la familia y a la nación como si fueran algo separado del mundo y de la humanidad, un fervor que es el origen de las divisiones sociales y raciales entre los seres humanos, y que tiene como consecuencia las guerras y el hambre. Es del todo incomprensible que los jóvenes tengan que prepararse rigurosamente para ejercer de abogados o de médicos y, sin embargo, puedan ser padres sin haber recibido ningún tipo de preparación que les capacite para asumir esta tarea tan sumamente importante.

En la mayoría de los casos, la familia fomenta con sus tendencias separatistas el proceso general de aislamiento, y participa, por tanto, activamente en el deterioro de la sociedad. Solo cuando hay amor y comprensión, se derrumban las paredes del aislamiento y la familia deja de ser un círculo cerrado, ni cárcel ni refugio. Solo entonces están los padres en comunión, no solo entre ellos y con sus hijos, sino también con los demás seres humanos.

Como viven absorbidos en sus problemas, muchos padres dejan al profesor la responsabilidad de ocuparse del bienestar de sus hijos. Por eso es importante que el educador ayude a educar también a los padres.

El educador debe hablar con ellos, explicarles que el estado de confusión del mundo es reflejo de su propia confusión como individuos. Debe hacerles ver que el progreso científico no puede por sí solo cambiar radicalmente los actuales valores de la sociedad. Que la preparación técnica a que hoy en día llamamos educación no ha dado libertad al ser humano ni le ha hecho más feliz. Y que condicionar al estudiante a que acepte el actual modo de vida no ayuda a que florezca en él la inteligencia. Debe explicarles a los padres lo que intenta hacer por sus hijos y cómo lo está haciendo. Tiene que ganarse su confianza, no haciendo valer su autoridad de especialista que trata con personas ignorantes, sino hablando con ellos sobre el temperamento del niño o la niña, sus dificultades y aptitudes.

Si el profesor tiene verdadero interés por el niño como individuo, los padres tendrán confianza en él. Durante el proceso, el profesor estará educando a los padres tanto como educándose a sí mismo, y aprenderá también de ellos. La verdadera educación es una tarea de responsabilidad compartida que exige paciencia, consideración y afecto.

8. ¿Amamos de verdad a nuestros hijos?

¿Se preguntan alguna vez el padre y la madre por qué tienen hijos? ¿Tienen hijos para perpetuar sus apellidos, para que hereden sus propiedades? ¿Quieren tener hijos solo para su propio deleite, para satisfacer su necesidad emocional? Si es así, los hijos se convierten en una mera proyección de los deseos y miedos de su padre y de su madre.

¿Pueden los padres asegurar rotundamente que aman a sus hijos, cuando la forma en que los educan fomenta la envidia, la enemistad y la ambición? ¿Es amor lo que instiga los antagonismos nacionales y raciales que provocan guerras, destrucción y un sufrimiento tan atroz, lo que enfrenta a los seres humanos entre sí en nombre de las religiones y las ideologías?

Muchos padres impulsan a sus hijos a seguir la vía del conflicto y el sufrimiento, no solo por someterlos a una educación contraproducente, sino también por la manera en que ellos como adultos viven su vida. Y luego, cuando los hijos se hacen mayores y sufren, los padres rezan por ellos o encuentran excusas para justificar su conducta. En realidad, como siento que mis hijos son propiedad mía, cuando sufro por ellos, estoy compadeciéndome de mí. Ese sufrimiento nace de la posesividad que existe cuando no hay amor.

Si los padres aman a sus hijos, no serán nacionalistas, no se identificarán con ningún país, porque el culto al Estado está en el origen de las guerras que matarán o mutilarán a sus hijos. Si los padres aman a sus hijos, descubrirán cuál es la relación legítima con la propiedad, porque el instinto de posesión ha dado a la propiedad un valor tan falso y descomunal que está destruyendo el mundo. Si los padres aman a sus hijos, no pertenecerán a ninguna religión organizada, porque los dogmas y creencias dividen a la gente en grupos contrapuestos y provocan antagonismo entre los seres humanos. Si los padres aman a sus hijos, pondrán fin de una vez por todas a la envidia y las disputas, y empezarán de inmediato a cambiar la sociedad actual desde sus cimientos.

9. Despertar la inteligencia en los padres y en los hijos

No deberíamos seguir aceptando como autómatas el modelo conforme al cual circunstancialmente se nos ha educado. ¿Cómo puede haber armonía en el individuo, y por tanto en la sociedad, si no sabemos quiénes somos? A menos que el educador se comprenda a sí mismo, a menos que se dé cuenta de que sus respuestas están condicionadas y empiece a soltarse de los valores imperantes en la sociedad, ¿cómo puede despertar la inteligencia en el niño? Y si no está capacitado para despertar la inteligencia en la niña, en el niño, ¿cuál es entonces su función?

Solo cuando comprendemos cómo funciona nuestro pensamiento y nuestro sentimiento podemos realmente ayudar al niño a que sea un ser humano libre. Si al educador esto le importa de verdad, estará intensamente atento no solo al niño, a la niña, sino también a sí mismo.

8. La relación con uno mismo

1. ¿Qué busco?

Me parece que es muy importante descubrir qué buscamos. No es una pregunta retórica, es algo que ineludiblemente debo plantearme. Y cuanto más despierto esté, cuanto más maduro e inteligente sea, más urgente e intensa será mi necesidad de descubrir qué busco. Por desgracia, la mayoría nos hacemos esta pregunta de un modo superficial, y en cuanto se nos viene a la mente alguna respuesta igual de superficial, nos quedamos satisfechos. Sin embargo, si estoy dispuesto a observar con atención lo que ocurre, descubro que la mente solo está buscando un poco de entretenimiento, alguna invención placentera, y en cuanto esa respuesta superficial encuentra, o inventa, algún argumento que la avale, se convierte en una conclusión y ahí acaba la búsqueda. Todo parece indicar que he descubierto lo que buscaba. O si ninguna respuesta me satisface, voy pasando de una filosofía a otra, de una creencia, una iglesia, una secta a otra, de un libro a otro, intentando encontrar siempre en cada uno de ellos felicidad y paz permanentes, seguridad externa e interna.

2. Comprender la mente, el «yo» que busca

Antes de empezar a buscar, ¿no es fundamental, entonces, comprender el proceso de la mente en sí? Porque está bastante claro qué he buscado hasta hoy […]. Ahora bien, para comprenderme a mí mismo necesito tener mucha paciencia, puesto que el «yo» es un proceso muy complejo. Pero sin comprenderme a mí mismo, ni la búsqueda ni lo que encuentre significarán nada. Mientras no comprenda mis deseos y compulsiones, conscientes e inconscientes, su actividad me creará conflicto, y lo que quiero es precisamente evitar o dejar atrás el conflicto, ¿no es así? Por tanto, mientras no comprenda el proceso que me hace ser quien soy, y cómo y por qué pienso lo que pienso, la búsqueda estará condicionada y será superficial e insignificante.

3. Conocerme a mí mismo es la llave de la libertad

Luego si realmente quiero crear un mundo diferente, que haya una relación diferente entre los seres humanos, tener una actitud diferente hacia la vida, es imprescindible que antes me comprenda a mí mismo, ¿verdad? Esto no significa que deba abstraerme de todo y concentrarme solo en mí, lo cual es simple egocentrismo y me llevará a la desesperación. Solo estoy diciendo que, sin saber quién soy, sin conocerme a mí mismo profundamente, todas las indagaciones, pensamientos, conclusiones, opiniones y valores me servirán de muy poco. La mayoría estamos condicionados, como cristianos, como musulmanes o como lo que sea, y esa área limitada es el radio de acción que tiene nuestro ser. Mi mente está condicionada por la sociedad, la educación, la cultura. Y sin comprender el proceso total de ese condicionamiento, cualquier búsqueda, indagación o conocimiento crearán todavía más caos, más dolor y desolación, que es precisamente lo que ocurre en la actualidad.

No hay fórmulas para conocerse a uno mismo. Puedo ir a un psicólogo o a un psicoanalista y averiguar algunos aspectos de mí. Pero eso no es conocerme a mí mismo. Conocerme a mí mismo es darme cuenta plenamente de mí en la relación. La relación me muestra lo que soy en cada instante.

4. Relación y aislamiento

Como decía, solo podemos conocernos a nosotros mismos en la relación. Es así, ¿verdad? No puedo conocerme a mí mismo, descubrir lo que soy realmente, si no es en la relación, puesto que la ira, los celos, la envidia, la lujuria y todas las demás reacciones aparecen únicamente en relación con las personas, las cosas o las ideas. Sin relación de ninguna clase, en completo aislamiento, no tengo posibilidad de conocerme. La mente puede aislarse pensando que es alguien, pero ese es un estado de locura, de desequilibrio, en el que es imposible que la mente descubra nada real, pues lo único que hay en ella en ese momento son ideas sobre sí misma. Es como el idealista que, intentando ser como cree que debería, se aparta del hecho de lo que es. Esto es lo que la mayoría hacemos: como las relaciones son dolorosas, queremos aislarnos de ese dolor, y en nuestro aislamiento creamos el ideal de cómo debería ser todo, lo cual es puramente ilusorio, una invención. De modo que solo en la relación puedo verme tal como soy inconsciente y conscientemente. Está claro.

Debería interesarnos todo esto, ya que constituye nuestra actividad cotidiana. Nuestra vida es esto. Y si no lo comprendemos, dedicarnos a asistir a charlas o a adquirir conocimientos de los libros que leemos no cambiará nada.

5. ¿Existe el «yo» si no hay relación?

Lo anterior plantea una segunda pregunta: «¿Es el «yo» una realidad en sí mismo o el «yo» no existe si no hay relación?». Es decir, ¿soy alguien por estar en relación o existo como realidad aislada y con independencia de la relación? Creo que a la mayoría nos gustaría pensar que la respuesta es esto último, porque las relaciones son dolorosas. En cuanto me relaciono, aparecen el miedo, la ansiedad y, como la mente lo sabe, intenta refugiarse en sus dioses, en su «yo superior» o en lo que sea. El impulso de aislamiento es la naturaleza del «yo», del ego, ¿no es verdad? El «yo» y todo aquello con lo que el «yo» se identifica, mi familia, mi propiedad, mi amor, mi deseo, son una reacción de aislamiento. Y esa reacción, ese movimiento, es una realidad en el sentido de que está sucediendo de hecho, pero ¿puede esa mente encerrada en sí misma descubrir alguna vez algo que esté más allá de ella? Es obvio que no. Podrá quizá extender sus muros, sus fronteras, expandir su área de encerramiento, pero esa área seguirá siendo la conciencia del «yo».

6. El conflicto y el dolor mantienen vivo al ego

Y bien, ¿en qué momento tenemos conciencia de estar relacionados? ¿Soy consciente de estar relacionado cuando hay completa unanimidad con el otro, cuando hay amor, o solo me doy cuenta de que estoy relacionado cuando hay fricción, conflicto, cuando exijo algo del otro, cuando me siento frustrado y tengo miedo, cuando hay una disputa entre el «yo» y aquel que está relacionado con el «yo»?

Dicho de una forma mucho más simple: si no me duele nada, ¿sé que existo? Supongamos, por ejemplo, que vivo unos instantes de felicidad. En el preciso momento en que experimento esa felicidad, ¿me doy cuenta de que soy feliz? Está claro que me doy cuenta de que he sido feliz un segundo después. Por tanto, ¿es posible que la mente se desprenda de su deseo y sus esfuerzos por vivir encerrada en sí misma, de modo que desaparezca el «yo»? Entonces quizá la relación signifique algo muy diferente. Porque, en la actualidad, la relación es solo un medio que utilizamos para sentirnos seguros, para perpetuar el «yo», y que pueda expresarse a su antojo y fortalecerse. Todas estas cualidades constituyen el «yo». Pero si dejan de existir, tal vez entonces descubramos otro estado en el que la relación tenga un significado esencialmente distinto. En la actualidad, es lógico que la forma de relacionarnos esté basada casi siempre en la envidia, puesto que la envidia es la base de nuestra cultura, y por eso en la relación que mantenemos unos con otros, que constituye la sociedad, surgen las disputas, la violencia, y las relaciones son una batalla constante. Pero si desaparece por completo la envidia, consciente e inconsciente, superficial y arraigada, si la envidia deja de existir, ¿no es entonces nuestra relación enteramente distinta?

7. ¿Existe un estado de la mente que no esté dominado por el «yo»?

Así pues, ¿existe un estado de la mente que no esté sometido a la idea de «yo»? Esto es muy serio, no es una teoría ni una frase sobre la que filosofar. Si estamos escuchando de verdad, inevitablemente experimentamos que ese estado existe.

8. Conocerse a sí mismo es la vía para abordar los problemas psicológicos, sociales y económicos

Me parece obvio que es imposible comprender un problema si lo único que nos importa es solucionarlo, ya sea dándole una solución estereotipada o buscando una solución. Para comprender un problema, debo examinarlo directamente, es decir, observar el problema en su totalidad sin el deseo de encontrar una respuesta, si puede expresarse de esta manera. Entonces estoy en relación directa con el problema, entonces soy el problema, el problema no está separado de mí. Creo que esto es lo primero que debemos entender: que el problema de vivir, con todas sus complejidades, no es diferente de nosotros. Yo soy el problema, y mientras considere el problema como algo independiente de mí o exterior a mí, es inevitable que mis intentos por resolverlo sean un fracaso. Por tanto, si entendemos el problema como algo nuestro, como algo que forma parte de nosotros, que no está separado de nosotros, entonces tal vez seamos capaces de comprenderlo de verdad, sustancialmente. Esto significa, en realidad, que el problema existe porque no me conozco a mí mismo. Si no me comprendo, si no comprendo la complejidad de lo que soy, no tengo base para pensar. Porque el «yo», como es obvio, no existe solo en un determinado nivel. El «yo» interviene en todos los niveles de mí, en cualquier aspecto de mí en que lo deje situarse. De manera que, mientras no me comprenda a mí mismo, mientras no me comprenda profundamente, por completo, lo consciente y lo inconsciente, lo manifiesto y lo oculto, no tengo medios para afrontar el problema, ya sea económico, social, psicológico o de cualquier otro tipo.

9. El «yo» es el mismo en todos los seres humanos. Si comprendo el mío, comprendo los problemas del mundo

Conocerme a mí mismo es empezar a comprender el problema. Las creencias, las ideas y los conocimientos no me sirven realmente de nada si no sé quién soy; solo me llevan a crearme un mundo ilusorio y a toda clase de complicaciones y estupideces, con las que muy hábilmente me escapo de la realidad, como hacemos la mayoría. Por eso nos afiliamos a alguna de las muchas asociaciones, grupos, organizaciones exclusivas y sociedades secretas. ¿No es precisamente la naturaleza de la estupidez ser excluyente? Cuanto más estúpido es uno, más exclusivo se vuelve, en el terreno religioso y en el social. Y cada forma de exclusividad genera sus propios problemas.

Por tanto, me da la impresión de que la dificultad que tenemos para comprender los numerosos problemas a los que nos enfrentamos, tanto sutiles como manifiestos, radica en nuestra ignorancia de nosotros mismos. Somos nosotros quienes los creamos, puesto que somos parte del medio en el que surgen, además de ser algo de cualidad muy distinta, como cada uno descubre si está dispuesto a comprenderse a sí mismo.

10. Buscamos seguridad permanente

La mayoría buscamos seguridad de una u otra clase porque nuestra vida es un interminable conflicto desde el momento que nacemos hasta que morimos. El tedio y la ansiedad cotidianos, la desesperación existencial, el dolor por querer que nos amen y sentir que nadie nos ama, la superficialidad, la mezquindad, el trabajo para llegar al final de cada jornada, todo eso es nuestra vida. Y en esa vida además hay peligros, lo cual nos crea aprensión; nada es seguro, existe siempre la incertidumbre del mañana. De modo que, consciente o inconscientemente, buscamos de continuo algo permanente que nos dé seguridad, en primer lugar psicológica y luego material; la seguridad psicológica siempre es lo primero, luego viene la seguridad externa. Queremos encontrar un estado permanente en el que nada nos perturbe: ningún miedo, ninguna ansiedad, ninguna incertidumbre ni sentimiento de culpa. Eso es lo que la mayoría buscamos, ese es el estado en el que exterior e interiormente queremos vivir.

En el exterior, lo más importante es tener un buen trabajo, y la educación consiste por tanto en darnos los conocimientos técnicos que nos permitan funcionar mecánicamente de manera burocrática, o de la manera que sea. E interiormente, buscamos paz, una sensación de certidumbre, de permanencia. En todas nuestras relaciones, en todo lo que hacemos, sea correcto o incorrecto, queremos sentimos seguros.

11. ¿Existe la seguridad?

En primer lugar, ¿existe siquiera esa seguridad interior que buscamos en las relaciones, en el afecto, en nuestra forma de pensar? ¿Existe esa realidad suprema que el ser humano busca, que espera encontrar y en la que deposita su fe? Si lo que quiero por encima de todo es alguna clase de seguridad, inventaré un dios, una idea, un ideal que me dé la seguridad que necesito. Pero eso no significa que realmente sea más que una idea, una reacción, una negativa a aceptar el hecho obvio de la incertidumbre. Así que debemos investigar si hay realmente seguridad en algún nivel de nuestra vida. En primer lugar porque, si descubro que no existe ninguna clase de seguridad en lo exterior, interiormente mi relación con el mundo será muy distinta: no me identificaré ya con ningún grupo, con ninguna nación, con ninguna familia.

Así pues, cuando me hago la pregunta de si existe la seguridad o no, debo dirigir toda mi atención a la pregunta en sí, porque, si empiezo a divagar hacia todos sus aspectos secundarios, el problema se vuelve extremadamente complejo. Es mi deseo de seguridad, cuando probablemente la seguridad sea algo inexistente, lo que genera el conflicto. Si comprendo que es imposible tener seguridad psicológica, puesto que la seguridad no existe en ningún nivel de la vida, el conflicto termina. Entonces soy creativo, soy como un volcán, ardiente cuando actúo, explosivo cuando pienso, porque no estoy encadenado a nada. Entonces vivo. Resulta obvio que una mente que está en conflicto no puede tener claridad, vivir con claridad, con un intenso sentimiento de afecto y compasión. Para amar, se requiere una sensibilidad extraordinaria. Y una mente no puede ser sensible si vive siempre con miedo, con ansiedad, preocupada, sintiéndose insegura, y por tanto buscando siempre seguridad. Una mente que está en perpetuo conflicto, lo mismo que una máquina en la que hay constante fricción, tiene un enorme desgaste; esa mente pierde la agudeza, se vuelve estúpida, indolente.

En primer lugar, por tanto, ¿existe la seguridad? Cada cual tiene que descubrirlo, no se trata de aceptar lo que yo digo. A mi entender no hay seguridad de ninguna clase. No hay seguridad psicológica en ningún nivel ni a ninguna profundidad.

* * *

¿Existe la seguridad, existe esa cualidad permanente que el ser humano busca sin cesar? Todos vemos cómo cambia nuestro cuerpo; las células del cuerpo entero se renuevan de tanto en tanto. En la relación con mi pareja, con mis hijos, con mis vecinos, en el gobierno de mi país, en mi comunidad, ¿veo algo que sea permanente? Me gustaría hacer que las cosas no cambiaran, así que legalizo mi relación de pareja y la llamo matrimonio, para que el vínculo legal la mantenga inamovible. Pero ¿hay alguna clase de permanencia en esa relación? Y si he depositado toda mi fe en ella, si mi seguridad en la vida depende de que nada en ella cambie, en el momento en que mi pareja pierda el interés en mí, o mire a otra persona, o se muera o sufra una enfermedad grave, estoy perdido [...].

* * *

El estado real de todo ser humano es la incertidumbre. Quienes se dan cuenta de que es así o bien lo entienden como un hecho y viven con él, o bien se desquician, se vuelven neuróticos, porque no son capaces de afrontar esa incertidumbre. No pueden aceptar que algo les exija una viveza de mente y de corazón tan inmensa, así que se hacen monjes o encuentran cualquier clase de fantasía con la que evadirse. Tenemos que darnos cuenta de que la incertidumbre es un hecho, en vez de intentar escapar de él con buenas obras, buenas acciones, yendo a rezar al templo o buscando argumentos para rebatirlo. El hecho es algo que nos exige atención total, el hecho es que todos vivimos en la inseguridad, que no existe nada seguro.

12. Es necesario que comprendamos por completo el problema de la seguridad

La mayoría sentimos que la vida está vacía, y tratamos de llenar ese vacío con toda clase de cosas. Pero si investigamos a fondo qué es la seguridad, al ir ahondando más y más en ella, no en sentido cuantitativo sino cualitativo, descubrimos que no es cuestión de tiempo encontrarla. Entonces comprendemos por entero el problema de la seguridad y el conflicto que nos crea. Entonces descubrimos, no inventamos, un estado de total existencia, un completo estado de ser, en el que no hay miedo, ni ansiedad, ni sentido de obediencia, ni compulsión; un estado completo de ser, una luz que no busca, que no se mueve más allá de sí misma.

Parte II

La sociedad
y mis relaciones

9. La sociedad y yo

1. ¿Quién es la sociedad?

Para descubrir el auténtico significado de vivir, debemos comprender la angustia y el tormento diarios de esta vida tan compleja, no podemos escapar de ellos. Debemos comprender cada uno de nosotros la sociedad en la que vivimos, no basándonos en lo que dice ningún filósofo, maestro ni gurú, sino observando. Y tenemos que transformar nuestra forma de vivir, tenemos que cambiarla por completo. Eso es lo más importante que tenemos que hacer, nada más. Porque en esa transformación, en el proceso de cambiar sin concesiones mi forma de vivir, hay belleza. Y en ese cambio descubriré el gran misterio que la mente humana busca sin descanso. Por tanto, a lo que debo dedicar mi atención no es a preguntarme qué hay después de la vida, o qué es la vida o cuál es el propósito de la vida, sino a comprender la complejidad de la vida cotidiana, puesto que es la única base real que tengo para crear algo nuevo. Sin comprenderla, sin provocar en ella un cambio radical, nuestra sociedad seguirá estando corrompida, y viviremos eternamente en un estado de degeneración.

La sociedad somos nosotros, no somos independientes de ella. Somos el resultado del medio en el que vivimos: de nuestra religión, nuestra educación, el clima, lo que comemos, nuestras reacciones, las innumerables actividades que repetimos a diario... Esa es nuestra vida, y la sociedad en la que estamos inmersos forma parte de esa vida. La sociedad es la relación entre los seres humanos. La sociedad es cooperación. La sociedad actual es consecuencia de nuestra avaricia, ambición, rivalidad, brutalidad, crueldad, insensibilidad, y ese es el modelo conforme al cual vivimos. Pero para comprenderlo, no intelectualmente, no en teoría, sino de verdad, tenemos que estar en contacto directo con el hecho de que un ser humano, yo, cada uno de nosotros, es el resultado del entorno social, de las presiones económicas, de la educación que ha recibido, de las influencias religiosas y de toda clase. Y estar en contacto directo con algo no es verbalizarlo, sino observarlo.

2. La sociedad soy yo

El mundo es lo que yo soy, luego mi problema obviamente es el problema del mundo. Es así de simple, ¿no? Sin embargo, por alguna razón, en nuestra relación con una persona determinada o con los seres humanos en general, al parecer pasamos siempre por alto este hecho tan básico. Queremos cambiar las cosas aplicando un sistema, o con una revolución ideológica que establezca un nuevo sistema de valores. Nos olvidamos de que somos nosotros, soy yo, quienes creamos la sociedad, quienes generamos confusión u orden dependiendo de cómo vivimos. Así pues, debemos empezar por lo más cercano, es decir, estar atentos a nuestra vida cotidiana, a nuestros pensamientos, sentimientos y comportamientos, que se revelan a diario en cómo nos ganamos la vida y en nuestra relación con las ideas o las creencias. En eso consiste nuestra vida diaria, ¿no es cierto? Nos preocupa la subsistencia, conseguir trabajo, ganar dinero. Nos preocupa la relación con nuestra familia o con los vecinos, y nos importan las ideas y las creencias. Ahora bien, si observamos con atención cómo es el trabajo que hacemos, vemos que está basado fundamentalmente en la envidia, que no es solo una forma de ganarnos la vida. La sociedad está organizada de tal manera que es un proceso de constante conflicto, en el que cada cual intenta como puede llegar a ser alguien. Es una sociedad basada en la codicia, en la envidia. Tenemos envidia de quienes están por encima de nosotros. Si soy empleado, quiero ser director, lo que demuestra que no me preocupa solo la subsistencia, ganarme el sustento, sino también conseguir posición y prestigio. Como es natural, esta actitud produce estragos en la sociedad y en las relaciones. Si solo nos importara ganarnos la vida, encontraríamos una manera digna de hacerlo, y esos medios de vida no estarían basados en la envidia. La envidia es uno de los factores más destructivos en la relación, porque manifiesta un deseo de poder, de posición, que en último extremo conduce a la manipulación y a la política. La envidia y la política están estrechamente ligadas. El empleado, cuando quiere llegar a director, utiliza estrategias de poder, y contribuye así a la política de dominación que está en el origen de las guerras. De modo que él es directamente responsable de la guerra.

3. La sociedad es la suma de todas nuestras relaciones

El individuo no es lo opuesto a la masa, lo que quiera que signifique esa palabra, puesto que no existe una masa separada de nosotros, separada de mí. Yo soy la masa.

4. Cómo se rebela la inteligencia

Como sabemos, los jóvenes de todo el mundo sienten rechazo por el orden establecido, se rebelan contra ese orden que ha creado este mundo grotesco, monstruoso, caótico, en el que hay guerras continuas, en el que para un puesto de trabajo acuden miles de personas. La generación pasada ha creado esta sociedad con sus ambiciones, su codicia, su violencia, sus ideologías. Y hoy la gente, en especial los jóvenes, rechazan todas las ideologías. Quizás en este país todavía no, porque no hemos avanzado lo suficiente, no somos lo bastante civilizados como para rechazar toda autoridad, toda ideología. Pero al tiempo que rechazan las ideologías actuales, los jóvenes están creando su propio modelo ideológico, que manifiestan llevando el pelo de determinada manera y con otros símbolos externos de rebeldía.

Vemos, por tanto, que la simple rebelión no resuelve el problema. La única solución al problema es que haya orden dentro de nosotros, un orden vivo, no un orden rutinario. La rutina es muerte. Uno sale de la universidad y de inmediato empieza a trabajar en una empresa, si es que consigue trabajo, claro está. Luego, durante los siguientes cuarenta o cincuenta años, va a la oficina cada día. ¿Y qué le sucede a esa mente? Ha establecido una rutina, la repite a diario, y a continuación anima a sus hijos a que la repitan también. Cualquier persona que esté de verdad viva debe rebelarse contra eso. Sin embargo, lo más probable es que digamos: «Tengo responsabilidades. En la situación en que me encuentro, me gustaría mucho dejarlo todo, pero no puedo». Y así continúa el mundo, repitiendo la monotonía, el aburrimiento de la vida, su absoluta insustancialidad. Contra todo esto, la inteligencia ha empezado a rebelarse.

5. Crear una sociedad nueva

Está claro que necesitamos un nuevo orden, una manera nueva de vivir. Pero para que pueda existir ese nuevo orden, esa forma de vida nueva, debemos comprender el desorden. Solo poniendo fin a las causas del problema se resuelve el problema, no buscando a tientas la solución. ¿Entendemos esto? Y poner fin a las causas del problema significa identificar y comprender todo el desorden que los seres humanos hemos creado dentro y fuera de nosotros. Significa comprender que mientras el ser humano sea ambicioso, codicioso, envidioso, competitivo, mientras lo más importante para él sea tener prestigio, poder, autoridad, solo puede crear desorden. Cuando comprendemos la raíz y estructura del desorden, entonces de esa misma comprensión nace la disciplina, que no es una disciplina basada en la represión ni en la imitación. De la comprensión y el rechazo definitivo de lo negativo, nace la verdadera disciplina, que es orden.

6. Seguir a alguien ciegamente nos destruye

Está la llamada autoridad de los líderes espirituales […]. La principal causa de desorden es el anhelo o la búsqueda de una realidad que alguien nos promete. Como la mayoría estamos confundidos, desesperados, lo más fácil es seguir mecánicamente a alguien que nos asegura una cómoda vida espiritual. Ocurre entonces algo de lo más curioso. En el terreno político, estamos en contra de la tiranía, de las dictaduras. Cuanto más liberales y civilizados somos, cuantas más libertades tenemos, más aborrecemos, más detestamos la tiranía política y económica. Y, sin embargo, en los asuntos internos aceptamos la autoridad, la tiranía de otro. Es decir, deformo mi mente, mis pensamientos y mi manera de vivir para adaptarlos a cierto modelo que alguien ha establecido como el camino a la verdad. Al conformarme así, lo único que realmente consigo es perder la claridad. Porque la claridad, la luz, he de encontrarla solo, no por mediación de nadie ni de nada, ni de libros ni de santos.

No podemos rechazar la autoridad exterior. Es imprescindible para el funcionamiento de cualquier sociedad civilizada. A lo que me refiero es a la autoridad psicológica de otro, incluido quien está hablando. Solo puede haber orden cuando comprendemos el desorden que cada uno de nosotros provoca, puesto que somos parte de la sociedad. Nosotros hemos creado la estructura de la sociedad, y en esa sociedad estamos atrapados. Como ser humano, soy heredero de los instintos animales, y como ser humano, debo descubrir la luz y el orden. Y no puedo encontrar esa luz, ese orden o esa comprensión a través de las palabras de nadie, sea quien sea, ya que las experiencias de otra persona podrían ser falsas. Debo cuestionar todas las experiencias, mías o de quien sea.

7. Debo rechazar la autoridad hasta de mi propio condicionamiento

Así pues, necesito descubrir por qué sigo a alguien, por qué acepto esa tiranía de la autoridad: la autoridad del sacerdote, la autoridad de la palabra impresa, de la Biblia, de las escrituras indias y de todo lo demás. ¿Puedo rechazar la autoridad de la sociedad totalmente? No de la manera en que lo hacen los bohemios y rebeldes del mundo, que es una simple reacción, sino ¿soy capaz de comprender realmente que la conformidad a un modelo externo es absurda y destructiva para una mente que quiere descubrir lo verdadero, lo real? Y si rechazo esa autoridad externa, ¿puedo rechazar también la mía propia, la autoridad de la experiencia? ¿Puedo prescindir de la experiencia? La mayoría consideramos que la experiencia es el saber que nos guía. Decimos: «Sé por experiencia...» o «La experiencia me dice que debo...». Se convierte así en nuestra autoridad interna, y quizá esa autoridad es mucho más destructiva, mucho más dañina que la autoridad externa, porque es la autoridad de mi condicionamiento, y me obliga a vivir en un mundo ilusorio […].

¿Puede la mente eliminar por entero siglos de condicionamiento? Es obvio que el condicionamiento pertenece al pasado. Y todas las reacciones, conocimientos, creencias y tradiciones de muchos miles de ayeres que constituyen ese condicionamiento han modelado nuestra mente. ¿Es posible eliminar todo eso? […].

¿Por qué es tan importante? Pues porque el condicionamiento es la raíz del miedo, y cuando hay miedo, no hay virtud.

8. La seguridad psicológica es un mito

Sin entrar en demasiados detalles, sabemos que el inconsciente es básicamente un pasado de muchos miles de años. Es la memoria racial, familiar, una acumulación de motivos y conocimientos. Es la tradición, que quizá a nivel consciente rechazamos, pero que está presente en nosotros y, en momentos de dificultad y dolor, asoma y se convierte en una autoridad. Ese inconsciente nos dice entonces: «Vete a la iglesia, pon flores en el altar, arrodíllate y reza», o lo que sea en cada caso. Y así, las indicaciones y advertencias del inconsciente, con todo el pasado a cuestas, son la autoridad, que se convierte en nuestra conciencia, la voz interior y todo eso. Así que, para descubrir si la seguridad es o no algo real, debemos tener esto en cuenta. Debemos comprenderlo y liberarnos de ello, y vivir en la verdad de lo que cada uno descubramos al investigar, ya sea que la seguridad existe o que no.

Por otra parte, nos da una fuerte sensación de seguridad psicológica y emocional identificarnos con una idea, una raza, una comunidad, un movimiento social. Es decir, nos comprometemos con cierta causa o partido político, ciertas costumbres, hábitos y rituales, hinduistas, parsis, musulmanes, cristianos o del tipo que sean, nos comprometemos con cierta manera de pensar y de entender la vida porque identificarnos con un grupo, con una comunidad, clase social o ideología, identificarnos con la familia y con la nación, nos da también una sensación de seguridad. Me siento mucho más seguro cuando puedo decir: «Soy indio», «Soy inglés», Soy alemán», o lo que sea [...].

Lo primero, por tanto, es descubrir si existe alguna clase de seguridad, y eso debemos descubrirlo cada uno. Personalmente, digo que no la hay, que la seguridad psicológica es un mito.

10. ¿Qué es la verdadera religión?

1. Las religiones no han cambiado la conducta humana

Como decíamos, es necesaria una transformación radical, una mutación total de la propia mente, porque el ser humano ha probado ya todos los métodos para transformarse, y ni su cualidad interior ni su comportamiento exterior han cambiado. Ha ido al templo, a la iglesia, a la mezquita, ha establecido una diversidad de sistemas políticos y económicos, y aunque con ello ha conseguido gran prosperidad, sigue habiendo una inmensa pobreza. El ser humano ha intentado por todos los medios producir en sí mismo una mutación radical: con la educación, la ciencia, la religión. Se ha recluido en los monasterios, ha renunciado al mundo, ha meditado sin fin. Ha confiado en que se transformaría repitiendo oraciones, sacrificándose, persiguiendo un ideal, venerando a los maestros, adhiriéndose a una u otra secta. La historia nos muestra que lo ha probado todo para salir de la confusión, de la desdicha, del sufrimiento y el eterno conflicto. Ha inventado un cielo. Y para no ir al infierno, que es el castigo, ha practicado toda clase de contorsiones mentales en un intento por controlar sus impulsos. Ha probado con las drogas, con el sexo y con los innumerables métodos que a una mente ingeniosa como la nuestra se le pueden ocurrir. Y, aun así, el ser humano sigue siendo en el mundo entero el mismo de siempre.

2. ¿Son religión las creencias?

Nos damos cuenta de que la vida es fea, dolorosa, triste, y buscamos alguna teoría, alguna especulación alentadora, alguna doctrina que nos explique por qué es así. Y nos quedamos atrapados en la explicación, en las palabras y teorías, que poco a poco van arraigando y consolidándose en nosotros hasta hacerse inamovibles. Porque detrás de esas creencias, detrás de esos dogmas, hay un miedo constante a lo desconocido. Nunca miramos ese miedo, huimos de él. Pero cuanto más intenso es el miedo, más fuertes son las creencias, los dogmas. Y cuando examinamos esas creencias cristianas, hinduistas, budistas o de la religión que sean, vemos que crean división entre los seres humanos. Cada dogma, cada creencia, tiene sus particulares rituales y preceptos que nos atan y nos separan. De modo que, en un principio, uno sentía la necesidad de investigar para descubrir la verdad, para descubrir la razón de toda esta desdicha, de esta lucha constante, de este sufrimiento, y para cuando quiere darse cuenta está atrapado en las creencias, en los rituales y en las teorías.

La creencia es corrupción porque detrás de la creencia y de la moralidad se esconde la mente egoica, el «yo», un «yo» que se va haciendo cada vez más grande, más poderoso y fuerte. Pensamos que creer en Dios, que creer en algo es religión. Pensamos que creer es ser religioso. Si no creo en nada, se me tacha de ateo y, dependiendo de dónde viva, la sociedad me condenará. Una sociedad condena a los que creen en Dios y otra condena a los que no creen, pero ambas son lo mismo. De modo que la religión se convierte en una cuestión de creencias, y las creencias actúan, ejercen cada una su correspondiente influencia en la mente. Por eso una mente que cree no puede ser libre. Y solo en libertad es posible descubrir la verdad, descubrir qué es Dios, no a través de una creencia, que es una simple proyección de lo que creo que debería ser Dios, de lo que creo que debería ser la verdad.

3. Las religiones y las creencias nos separan

Alguien cree en Dios y alguien no cree, de modo que sus creencias los enfrentan entre sí. El que las creencias se hayan organizado y se les haya dado el nombre de hinduismo, budismo o cristianismo divide a la humanidad. El ser humano está confundido, y piensa que creer en algo clarificará su confusión. Es decir, superpone la creencia a la confusión con la esperanza de que así la confusión se aclare. Pero la confusión es un hecho, y la creencia, simplemente una vía para evadirme de él, no me ayuda a afrontar el hecho y a comprenderlo, sino solo a escapar de la confusión en la que vivo. Para comprender la confusión, no hace falta ninguna creencia. Todo lo contrario: la creencia es una pantalla que se interpone entre el ser humano y sus problemas. Por tanto, las religiones, que son creencias organizadas, son un medio para escapar de «lo que es», es decir, del hecho de la confusión. La persona que cree en Dios, que cree en la vida del más allá o en cualquier otra cosa, en realidad está huyendo del hecho de lo que es ella. ¿Quién no conoce a alguien que cree en Dios, cumple con los rituales, repite con fervor cánticos y oraciones, y en su vida diaria es dominante, cruel ambicioso, mentiroso, desleal? ¿Encontrará a Dios esa persona? ¿Realmente está buscando a Dios? ¿Se puede encontrar a Dios a base de repetir palabras y cumplir preceptos? Si a esas personas que creen en Dios, que adoran a Dios, que van al templo a diario, que están dispuestas a hacer lo que sea para escapar del hecho de lo que son, si a esas personas las considero respetables, es porque soy igual que ellas.

4. ¿Puede la verdadera religión ser un invento del pensamiento y sus miedos?

Lo que nos importa es crear un mundo y un orden social diferentes. No nos interesan las creencias y los dogmas religiosos, las supersticiones y los rituales, sino qué es la verdadera religión. Y para descubrirlo, no puede haber miedo. Uno se da cuenta de que el pensamiento crea y alimenta el miedo, y de que el pensamiento necesita estar siempre ocupado con algo, porque de lo contrario se siente perdido. Una de las razones por las que dedicamos nuestro tiempo a Dios, a las reformas sociales, a una cosa o a otra es el miedo que tenemos a la soledad, a quedarnos solos con nosotros mismos, el miedo a sentirnos vacíos. Sabemos que el mundo es crueldad, fealdad, violencia, guerras, odio, divisiones de clase y nacionales, etc. Y sabiendo exactamente lo que es el mundo, no lo que pensamos que debería ser, queremos que se produzca una transformación radical. Sin embargo, para producir esa transformación, la mente humana ha de experimentar ella misma una sustancial mutación, lo cual no es posible si existe cualquier clase de miedo.

* * *

El pensamiento es la respuesta de la memoria, constituida por la acumulación de experiencias, conocimientos, tradiciones. La memoria es el resultado del tiempo, y contiene también nuestra herencia animal. Con todo ese pasado reaccionamos. El pensamiento es esa reacción. Sin duda, el pensamiento es necesario a ciertos niveles, pero cuando el pensamiento se proyecta a sí mismo en el nivel psicológico como el pasado y el futuro, se convierte en generador tanto de placer como de miedo [...]. ¿Puede el pensamiento dejar de proyectar en la mente un pasado que la obliga a necesitar protegerse, y puede dejar de proyectar un futuro?

5. La atención completa extingue el miedo

Si presto completa atención, no hay miedo. La próxima vez que el miedo se asome a nuestra mente, miedo a lo que puede suceder o miedo a que algo que ha ocurrido pueda repetirse, prestémosle toda nuestra atención. Sin escapar de él, sin intentar cambiarlo ni controlarlo ni hacerlo desaparecer. Quedémonos con él totalmente, completamente, con total atención. Descubrimos entonces que, al no haber un observador separado, sino solo atención total, no hay miedo [...]. Cada momento que vivimos con esa completa atención borra de la mente el inconsciente y las limitaciones conscientes.

6. ¿Puede la mente descubrir lo sagrado sin los rituales creados por el pensamiento?

Bien, ¿cómo encuentra uno lo sagrado? ¿Se entiende la pregunta? He meditado, me he sacrificado, permaneciendo célibe o no. He aceptado las tradiciones, los rituales, he dado una vuelta tras otra alrededor del templo, me he sentido exaltado por el olor del incienso, me he postrado ante los ídolos. He hecho todas estas cosas tan infantiles y veo que ha sido absolutamente inútil, puesto que todas esas cosas nacen del miedo, de la necesidad de tener alguna esperanza, dado que la mayoría estamos desesperados. Pero la esperanza no me libera de la desesperación. Para liberarme de la desesperación tengo que comprenderla profundamente, no introducir la idea de la esperanza. Es muy importante entender esto, porque, en cuanto introduzco la esperanza, creo dualidad. Y la dualidad es un corredor sin fin.

* * *

Luego, volviendo a la pregunta, ¿puede la mente descubrir lo sagrado sin hacer sacrificios, sin pensamiento, sin obedecer preceptos, sin ningún libro, ningún líder, ningún maestro, sin nada? ¿Puede la mente encontrarse con lo sagrado igual que uno se encuentra con una preciosa puesta de sol? ¿Cómo puede uno encontrarse así con lo sagrado? Y con ese «cómo» no me refiero a qué técnica utilizar para encontrarlo, eso es simplemente un truco más.

Diría que hay ciertos requisitos de cualidad absoluta, y no hablo de cosas que uno debe conseguir, practicar, hacer día tras día. Diría que debe haber pasión sin motivo, lo cual significa que no se deriva de ningún compromiso ni apego ni deseo. Debe haber pasión porque, sin pasión, no podemos percibir auténtica belleza. No la belleza de una puesta de sol, la belleza de un edificio, de un poema, de un ave en vuelo, sino una belleza que no es intelectual, que no es un producto social, que no admite comparación. Para encontrarse con esa belleza tiene que haber pasión, y para que exista esa pasión tiene que haber amor. Escuchemos esto, ya que es lo único que podemos hacer. El amor no se puede practicar. Podemos practicar la amabilidad, la generosidad, la gentileza, la no violencia, el pacifismo, pero esto no tiene nada que ver con el amor. Sin pasión y belleza no hay amor. Escuchémoslo. No hay nada que discutir, nada que preguntar.

Es como dejar la puerta abierta. Si dejo la puerta abierta, la brisa de la tarde entra. No puedo invitarla a venir. No puedo prepararme para recibirla haciendo unas cosas y evitando hacer otras. No puedo recurrir a los rituales. Solo puedo dejar la puerta abierta. Es un acto muy simple, un acto que no nace de la voluntad, ni de la búsqueda de placer, ni es la proyección de una mente astuta. Dejar la puerta abierta, eso es todo, no puedo hacer nada más. No puedo sentarme a meditar, conseguir que la mente se quede en silencio a base de esfuerzo, coacción, disciplina. Ese silencio es ruido e interminable conflicto. Lo único que puedo hacer es dejar abierta la puerta de la mente. Y solo me es posible dejar esa puerta abierta si soy libre.

De modo que empezamos por desenredarnos de todas las absurdas invenciones psicológicas que la mente ha creado, a liberarnos de todas ellas. No con el objetivo de poder dejar la puerta abierta, sino solo para ser libres. Es como mantener una habitación limpia, arreglada, en orden, solo eso. Entonces, si dejamos la puerta abierta sin ninguna intención, sin ningún propósito, motivo ni anhelo, entonces por esa puerta entra algo que no se puede medir en la escala del tiempo ni de la experiencia, algo que no está relacionado con ninguna actividad de la mente. Entonces uno sabe, sin sombra de duda, que existe algo más allá de todas las imaginaciones humanas, más allá del tiempo, más allá de todos los interrogantes.

11. El gobierno, el ejército y la ley

1. ¿Puede la autoridad transformar la mente humana?

¿Puede la autoridad transformar la mente humana? Es fundamental que me haga esta pregunta, en vista de la importancia que doy a la autoridad. Porque, aunque me rebele contra la autoridad exterior, dentro de mí establezco la mía propia […].

Por un lado, está la autoridad de la ley, que obviamente debo respetar. Por otro, está la autoridad psicológica, la autoridad del que sabe, el sacerdote, por ejemplo, aunque hoy en día lo que dice el sacerdote no le interese en realidad a nadie. Si soy un intelectual, es decir, si tengo cierta claridad de pensamiento, vivo al margen del sacerdote, de la iglesia y de todas sus invenciones. Ahora bien, entonces tengo mi propia autoridad, que es la autoridad del intelecto, de la razón o del saber, y es a ellos a quienes obedezco. Soy un ser humano asustado, lleno de dudas, y dado que no tengo la menor idea de cómo debo vivir ni de lo que debo hacer, necesito una autoridad que me lo diga, ya sea la autoridad del psicoanalista, de un libro o de la última moda.

¿Puede la mente liberarse de la autoridad, es decir, vivir sin miedo, de modo que ya no tenga ni siquiera la capacidad para seguir a nadie? Si es así, aquí termina la imitación, que es un acto mecánico. La virtud, la ética, no es una repetición de lo que la sociedad considera bueno. En el momento en que algo se vuelve mecánico, deja de ser virtud. La virtud es espontánea, siempre nueva, no se puede cultivar. No se puede cultivar la humildad, por ejemplo, y una mente que no tiene humildad es incapaz de aprender. La virtud, por tanto, no tiene autoridad. La moralidad social no es moral en absoluto. De hecho, es inmoral, puesto que consiente la rivalidad, la codicia y la ambición. Esto significa que la sociedad fomenta la inmoralidad.

2. Las leyes gubernamentales, el ejército y matar

Interlocutor: Antes ha dicho que debemos aceptar la autoridad de la ley. Puedo entenderlo si se aplica a cuestiones como las normas de tráfico, pero la ley me obliga también a hacerme soldado, y eso no lo puedo aceptar.

Krishnamurti: Este es un problema en todo el mundo. Los gobiernos obligan a los ciudadanos a alistarse en el ejército, a participar en la guerra en una u otra medida. ¿Qué vamos a hacer al respecto, sobre todo los jóvenes? Porque nosotros, la gente mayor, estamos ya muy viejos como para que el ejército nos necesite. Pero ¿qué van a hacer los jóvenes? Esta es la pregunta en todos los países.

No hay autoridad en esto que digo. No estoy aconsejándole a nadie que haga o no haga algo, no estoy diciendo que uno debería alistarse o no alistarse, matar o no matar. Estamos examinando la cuestión.

En el pasado, hubo en la sociedad india una comunidad que decidió: «No vamos a matar». No mataban animales para comer. Ponían mucho cuidado en no hacer daño a los demás seres, en tratarlos con afecto. Les importaba de verdad la virtud. Era la comunidad de los brahmanes, que existió durante siglos y siglos, sobre todo en el sur de la India. Pero todo eso ya ha desaparecido. ¿Qué vamos a hacer nosotros, contribuir a la guerra o no? Cuando compro un sello, estoy contribuyendo a la guerra. Contribuyo a la guerra cuando pago impuestos, cuando gano dinero, cuando trabajo en una empresa que fabrica proyectiles. Y con mi forma de vivir, con mi competitividad, mi ambición y prosperidad egoísta, hago la guerra. De modo que, cuando el gobierno me pide que me aliste en el ejército, tengo que decidir si alistarme o no, y asumir todas las consecuencias. Conozco a un joven europeo que, cuando le llegó la hora de hacer el servicio militar, que en Europa es obligatorio en algunos países y dura entre uno y dos años, decidió que no lo iba a hacer, que se iba a escapar. Y se escapó, lo que significa que nunca podrá volver a su país. Dejó allí su casa y a su familia, sabiendo que nunca los volvería a ver. Así que alistarse o no en el ejército se convierte en un asunto insignificante, cuando hay cuestiones mucho más importantes en juego.

3. El hombre ha elegido la vía de la guerra

Lo más importante es acabar definitivamente con las guerras, no cómo detener una u otra guerra en particular. Cada cual tiene predilección por una determinada guerra. Si soy ciudadano británico, odio a Hitler y lucho contra él, pero no lucho contra los vietnamitas, esa no es mi guerra porque no me conviene políticamente intervenir o por la razón que sea. Lo más importante es que los seres humanos hemos elegido la vía de la guerra, del conflicto. A menos que cambiemos esto por completo, nos quedaremos atrapados en la misma pregunta en la que está atrapado el interlocutor. Y para cambiar eso totalmente, para cambiarlo por completo, debo vivir en paz, no matar, ni de palabra ni de hecho. Esto significa poner fin a la competitividad, poner fin a la división entre gobiernos soberanos, poner fin al ejército. Quizá alguien responda: «No está en mi mano hacer eso. Yo no puedo poner fin a las guerras, disolver el ejército». Lo verdaderamente importante, me parece a mí, es darse cuenta de la estructura completa de la violencia humana, que tiene su máxima expresión en la guerra. Porque si me doy cuenta de esa brutalidad, en el propio darme cuenta de ella está implícita la acción correcta. La acción correcta tendrá tal vez consecuencias de toda clase; no importa. Ahora bien, para percibir directamente y por completo esa atrocidad, he de tener libertad a la hora de observarla. Entonces, la observación en sí disciplina la mente, trae consigo su propia disciplina. En el silencio que nace de esa libertad, la pregunta del interlocutor encuentra la respuesta.

4. Las religiones y las naciones son las causantes de la guerra

¿Cuál es la causa del trastorno psicológico que hay en el mundo? Una de las razones de ese desorden tan enorme y destructivo es la división creada por las religiones: el otro es hindú y yo soy musulmán, o el otro y yo somos los dos cristianos, pero él es católico y yo soy anglicano o protestante. Hay una multitud de divisiones […].

Vemos, por tanto, que las religiones nos separan, y esa es una de las causas fundamentales de este gran desorden. No se trata de estar de acuerdo con lo que digo, sino de observar los hechos […].

Y el nacionalismo, este cáncer de aparición reciente, es también causa de desorden […]. Mientras tengamos gobiernos soberanos, es decir, gobiernos separados, nacionalistas, gobiernos con sus ejércitos, forzosamente habrá guerras.

5. ¿Podemos ganarnos la vida sin perjudicar a los demás?

¿Qué entiendo que es «ganarme la vida»? Es cubrir mis necesidades básicas de alimento, ropa y techo, ¿verdad? Los problemas aparecen cuando convierto la necesidad de cubrir mis necesidades básicas en un medio de agresión psicológica. Es decir, cuando hago de esos recursos esenciales, que son el alimento, la ropa y la vivienda, un instrumento de engrandecimiento personal. Es entonces cuando la subsistencia se vuelve un problema. Y la base de nuestra sociedad no es obtener lo necesario para vivir, sino utilizar los recursos básicos para el engrandecimiento psicológico, para la expansión del «yo».

6. ¿Qué profesiones perpetúan el actual estado del mundo?

Es fácil darse cuenta de qué profesiones perpetúan el actual estado del mundo. El militar, el policía, el abogado tienen una profesión cuya misma existencia depende de que haya desunión y conflicto. El potentado, por su parte, el gran empresario capitalista, prospera gracias a la explotación. A veces se trata de un individuo, y a veces del Estado, que tras nacionalizar grandes empresas nos explota sin piedad a todos. ¿Cómo puedo sobrevivir, si lo que quiero es tener una profesión decente, íntegra, en esta sociedad que tiene como base el ejército, la policía, las leyes y al potentado, es decir, que está basada en el principio de la desarmonía, la explotación y la violencia? El desempleo es cada día mayor; cada día son más poderosos los ejércitos y más numerosas las fuerzas policiales, todas con sus servicios secretos. Las grandes empresas crecen y crecen hasta formar auténticos imperios que, con el tiempo, el Estado acaba por nacionalizar, y se convierte así él mismo en una gran corporación, como es ya el caso de algunos países. En esta situación de explotación, en esta sociedad sustentada en la discordia, ¿cómo voy a encontrar una forma íntegra de ganarme la vida? La mayoría de la gente solo quiere conseguir un trabajo y quedarse en él, con la esperanza de ir ascendiendo, de tener un salario cada vez mejor. Y como eso es lo que la mayoría queremos, estabilidad, tranquilidad, un puesto de trabajo seguro, no se produce una revolución radical. Sin embargo, no serán aquellos que están satisfechos con sus logros, orgullosos de lo que han conseguido, sino los audaces, los que están dispuestos a experimentar con su vida, con su existencia, los que descubrirán la verdad de las cosas, y una nueva manera de vivir.

Por tanto, para que la actividad de ganarme la vida pueda contribuir a crear un nuevo orden social, antes debo darme cuenta de qué medios de subsistencia contribuyen a mantener el actual desorden, la falsedad y la explotación, ya sea en nombre del Estado, del capital o de la religión organizada. Porque cuando veo con claridad qué es lo falso y lo erradico, hay una transformación, una revolución, y solo esa revolución puede crear una sociedad nueva. Es excelente que, como individuo, busque una forma íntegra de atender mis necesidades básicas, pero eso no resuelve el problema en toda su magnitud. Lo único que puede resolver este problema tan inmenso es que deje de buscar seguridad en mi vida. La seguridad no existe. ¿Y qué pasa cuando me empeño en conseguirla? ¿Qué es lo que está sucediendo en el mundo en estos momentos? Toda Europa quiere tener seguridad, llora por ella, ¿y qué sucede entonces? Que se intenta conseguir seguridad fomentando el nacionalismo. Me hago nacionalista porque quiero que haya seguridad en mi vida, y creo que luchando por el nacionalismo la voy a conseguir. La realidad, como repetidamente se ha demostrado, es que el nacionalismo no puede ofrecer seguridad, puesto que es un proceso de aislamiento, y por tanto origen de guerras, sufrimiento y destrucción. De modo que, si queremos descubrir a gran escala cómo puede el ser humano ganarse la vida de una manera digna, íntegra, tenemos que empezar por desenmascarar la falsedad. Cuando lucho contra lo que es falso, estoy creando la forma correcta de atender mis necesidades básicas. Cuando lucho contra la estructura completa de la desunión y la explotación, ya estén fomentadas por los partidos de izquierdas o de derechas o por la autoridad de la religión y los sacerdotes, esa es la profesión correcta en estos momentos, porque creará una sociedad nueva, una cultura nueva. Pero para combatir la falsedad, antes necesito ver muy claramente, con total precisión, lo falso que hay en mí, de modo que por sí mismo se desprenda. Y para descubrir lo que es falso, tengo que observar con mucha atención todo lo que hago, lo que pienso, lo que siento. Entonces, no solo descubriré qué es lo falso, sino que de ello nacerá en mí una nueva vitalidad, una nueva energía, y esa energía me dictará qué clase de trabajo hacer o no hacer.

7. He de ser ley para mí mismo

La verdad es algo que nadie puede darme. La tengo que descubrir solo. Y para descubrirla, tengo que ser ley para mí mismo. Mi guía he de ser yo, no el político que promete salvar al mundo, ni el comunista, ni el sacerdote, ni el renunciante, ni ningún libro, ni líder. Tengo que vivir, y tengo que ser mi propia ley. Por tanto, no hay autoridad, lo cual significa que estoy completamente solo, no solo de cara al exterior, sino completamente solo interiormente; es decir, sin miedo.

8. La responsabilidad es mía

La paz es responsabilidad mía, de cada ser humano, no del político, del militar, del abogado, del empresario, del comunista, del socialista, de nadie. Es responsabilidad mía cómo vivo, cómo soy en mi vida diaria. Si quiero que haya paz en el mundo, tengo que vivir en paz, no odiando a quien tengo al lado, no con envidia, no compitiendo por el poder. Porque, de esa libertad, nace el amor. Y solo una mente que ama sabe lo que es vivir en paz.

12. La raza, la cultura, el país

1. Hay una sola raza humana: ¿cómo es nuestra relación con ella?

Si observamos con un poco de atención, vemos que la división entre gente occidental y oriental es geográfica y arbitraria, no tiene verdadera base. Ya vivamos al este o al oeste de una línea imaginaria, o tengamos la piel marrón, negra, blanca o amarilla, somos todos seres humanos que sufren y viven con la esperanza de algo mejor, que tienen miedo y necesitan creer en algo. La alegría y el dolor existen por igual en una parte del mundo que en la otra. El pensamiento no es de Occidente ni de Oriente, quien lo divide es el ser humano de acuerdo con su condicionamiento particular. El amor no depende de la geografía, no es que en un continente se considere sagrado y en otro no. La división entre seres humanos responde a intereses económicos y de explotación. Esto no significa que no tengamos distintos temperamentos, por ejemplo. Entre nosotros hay similitudes y hay también diferencias. Todo esto es bastante obvio, y es un hecho en lo que respecta a nuestra psicología, ¿no es cierto?

2. Aunque las civilizaciones difieran entre sí, los fundamentos de la condición humana son los mismos

Aun siendo conscientes de las diferencias, debemos darnos cuenta de las semejanzas. Es posible que el modo en que nos expresamos unos y otros sea distinto, y de hecho lo es, pero las necesidades, presiones, añoranzas y miedos que hay detrás de esas formas y manifestaciones externas son muy similares. No nos dejemos engañar por las palabras. Tanto en este lado del mundo como en el otro, el ser humano quiere tener paz y abundancia, y encontrar una fuente de felicidad que vaya más allá de lo material. Es lógico que las civilizaciones sean diferentes dependiendo del clima, del medio ambiente, de la alimentación, pero los principios de la cultura son esencialmente los mismos en todo el mundo: tener compasión, generosidad, evitar el mal, no ser envidioso, perdonar... Sin estos fundamentos culturales, cualquier civilización, ya sea del este o del oeste, se desintegrará o será destruida. Quizá los pueblos que hoy consideramos atrasados adquieran los conocimientos tecnológicos necesarios y se pongan a la altura de Occidente. Quizá entonces incorporen rápidamente el estilo de vida occidental y su espíritu belicista, y también ellos quieran ser generales, abogados, policías, tiranos. Pero la cultura es algo enteramente distinto. El amor a Dios y la libertad humana no pueden adquirirse con tanta facilidad. Y, sin ellos, el bienestar material no sirve de mucho.

3. La división ofrece un falso sentido de seguridad

Con nuestra ansia de seguridad, no solo como individuos sino como grupo, como nación, como raza, ¿no hemos creado un mundo en el que la guerra, interna y con el exterior, se ha convertido en el mayor problema de las asociaciones humanas de todo tipo?

La paz es el estado de la mente que se ha liberado por completo del deseo de seguridad. Mientras la mente-corazón busque seguridad, vivirá siempre a la sombra del miedo. Porque no solo deseo seguridad material, sino que tengo un deseo todavía mayor de seguridad psicológica. Y es este deseo de sentirme interiormente seguro el que me lleva a practicar la virtud, a profesar una creencia, a defender una nacionalidad, todo lo cual divide a la humanidad en grupos cerrados con ideas contrapuestas.

4. Si yo cambio, cambia el mundo

Sería de una importancia extraordinaria que al menos algunos no perteneciéramos a ningún grupo ni raza, a ninguna religión ni sociedad en particular. Constituiríamos entonces la verdadera hermandad humana porque solo nos importaría la verdad. Para desprenderme de las riquezas externas, he de percibir con claridad la pobreza interior, lo cual trae consigo riquezas incalculables. Unos pocos seres humanos despiertos bastan para cambiar el curso de la cultura. No me refiero a algún desconocido, sino a ustedes y a mí.

* * *

Si una piedra puede cambiar el curso de un río, significa que un pequeño número de personas puede cambiar el curso de una cultura. Sin duda, cualquier gran transformación ha sucedido de esta manera.

5. Las leyes no han acabado con el crimen

Periódicamente, un grupo explota a otro grupo, y esa explotación provoca una reacción violenta. Esto es lo que ha ocurrido siempre a lo largo de los siglos: una raza domina, explota, tortura a otra raza y acaba siendo a su vez oprimida, engañada y reducida a la pobreza. ¿Cómo se puede poner fin a esto? ¿Basta con intentar regularlo desde fuera, con la legislación, la organización social, la educación, o es necesario comprender el conflicto interno que está en el origen del caos y la destrucción externos? No es posible entender de verdad la acción y reacción externas sin comprender lo interno. Si me limito a impedir que una raza explote u oprima a otra, ahora soy yo el explotador, el opresor. Si empleo métodos despiadados con un buen fin, el fin se contagia de los medios que utilizo. Por tanto, mientras no comprendamos esto profundamente de una vez por todas, limitarnos a intentar reformar la maldad con métodos malvados nos acarreará más maldad, y cada reforma necesitará de una reforma posterior. Al oírlo, nos parece más que evidente, pensamos que lo entendemos.

Y, sin embargo, por miedo, por el miedo que nos infunde la propaganda, nos dejamos convencer de lo contrario, lo cual demuestra que en realidad no comprendemos que de verdad es así.

6. Si me libero de la esclavitud, libero al mundo

Tal como es el individuo, es la nación, es el Estado. Posiblemente no esté en mi mano transformar a nadie, pero sin duda soy responsable de mi propia transformación. Sin ella, quizá por medios violentos y sanciones económicas se pueda impedir que un país explote a otro, pero ¿hay alguna garantía de que el país recién liberado de esa cruel explotación no vaya a ser él mismo opresor y cruel? No la hay, no hay ninguna garantía. Al contrario, cuando la nación o el individuo recurren a métodos malvados para combatir la maldad, se han convertido ya en aquello contra lo que combaten. Sin buena voluntad y amor fraternal, por mucho que establezcamos una excelente legislación para controlar y frenar los abusos, esa mera estructura externa, superficial, no impedirá que el conflicto y la miseria internos exploten y provoquen el caos. La legislación por sí sola no puede impedir que los países occidentales exploten a los orientales, o quizá que los orientales exploten a su vez a los occidentales. Mientras nosotros, individualmente o en grupo, nos identifiquemos con una u otra raza, con una nación o religión, seguirá habiendo guerras, explotación, opresión y hambre. Mientras admita como individuo la división, la larga lista de divisiones absurdas, y me sienta americano, inglés, alemán o indio, mientras no sea consciente de la unidad y relación humanas, seguirá habiendo matanzas y sufrimiento. Un pueblo que se limita a acatar las leyes es como una flor artificial, muy bonita a la vista, pero vacía por dentro.

Probablemente, al leer esto, uno se dice que el mundo no va a esperar a que el ser humano despierte, o a que despierten unos pocos, y cambien su curso. Es cierto, el mundo seguirá avanzando a ciegas por el cauce establecido. Y, sin embargo, la única manera de que el mundo despierte es que cada individuo deje de ser esclavo de la división, de la vanidad, de la ambición y el poder personal. Solo la comprensión y compasión de cada individuo pueden poner fin a la ignorancia y la brutalidad. El despertar del individuo es nuestra única esperanza.

13. El mundo y yo

1. ¿Qué relación hay entre el mundo y yo?

¿Cuál es mi relación con el mundo? ¿Es el mundo diferente de mí, o soy el resultado de un proceso total y no estoy, por tanto, separado del mundo, sino que formo parte de él? La realidad es que soy el resultado de un proceso mundial, de un proceso total, no de un proceso independiente, individualista. Soy, en definitiva, producto del pasado, y estoy condicionado por las influencias ambientales, políticas, sociales, económicas, geográficas, climáticas. Soy el resultado de todo ese proceso, lo que significa que no estoy separado del mundo.

2. Somos el mundo: el mundo es lo que yo soy

Somos el mundo, y el mundo es lo que somos nosotros. Por consiguiente, el problema del mundo es mi problema, y si resuelvo mi problema, habré resuelto el problema del mundo. Dado que el mundo no está separado del individuo, dado que está constituido por el conjunto de todos los individuos, es inútil, es una absoluta pérdida de tiempo tratar de resolver el problema del mundo sin haber resuelto cada uno nuestro problema individual […]. El mundo no es algo lejano o abstracto. Es donde vivo. Está hecho de las relaciones que tengo con mis amigos, con mis vecinos, con mi familia. Luego, si soy capaz de transformarme radicalmente, existe la posibilidad de cambiar el mundo, de lo contrario es imposible.

3. Todos los grandes cambios que ha habido en el mundo han empezado por la acción de unos pocos, de individuos como nosotros

Por eso todos los grandes cambios y reformas que ha habido en el mundo han empezado por la acción de unos pocos, de individuos como nosotros. Eso a lo que llamamos «acción de masas» no es más que la acción colectiva de individuos convencidos de lo que hacen, y solo tiene verdadero valor si los individuos que componen la masa están despiertos. Si están hipnotizados por las palabras, por una ideología, entonces la acción de masas conducirá inevitablemente al desastre.

Cuando veo la espantosa confusión en que está sumido el mundo, la constante amenaza de guerra, el hambre, la enfermedad del nacionalismo, la corrupción ideológica de las religiones organizadas, cuando me doy cuenta de todo esto, comprendo que es necesaria una revolución radical, fundamental. Y esa revolución tiene que empezar por mí. Quizá, al leer esto, uno piensa: «Yo estoy dispuesto a cambiar, pero tendrán que pasar muchísimos años para que cambien uno a uno todos los individuos del mundo». ¿Realmente? Pasarán los años que tengan que pasar. Pero si estoy de verdad convencido, si comprendo de verdad que la revolución tiene que empezar por mí, no por otros, ¿cuánto voy a tardar en convencer al mundo, en transformar el mundo, teniendo en cuenta que el mundo soy yo y que mis acciones influyen en el mundo en el que vivo, que es el mundo de mis relaciones? Lo difícil es comprender la importancia que tiene mi transformación como individuo. Estoy tan ciego que exijo que el mundo cambie, que la sociedad se transforme, pero yo no estoy dispuesto a cambiar. ¿Qué es la sociedad, sino mi relación con el otro? Lo que el otro es y lo que yo soy establecen la clase de relación que hay entre nosotros, y crean la sociedad. Por consiguiente, ya se trate de una sociedad hindú, comunista o capitalista, para transformarla es necesario que cambie mi relación con cada persona que hay en mi vida. Y ese cambio es independiente de la legislación, del gobierno y de cualquier circunstancia externa; depende enteramente de mí y de cada una de esas personas.

4. La ayuda y el servicio desinteresado a los demás

Interlocutor: Quiero ayudar a los demás, prestarles servicio desinteresadamente. ¿Cuál es la mejor manera?

Krishnamurti: La mejor manera es empezando por comprenderse a uno mismo y transformándose. El deseo de ayudar a los demás, de prestarles servicio, esconde cierto orgullo, cierta presunción. Si uno ama, espontáneamente ayuda. Pero el afán por ayudar a otros nace de la vanidad.

Si quiero ayudar a otro, antes necesito conocerme a mí mismo, puesto que yo soy el otro. Aunque tengamos distinta apariencia, a él y a mí nos mueven los mismos deseos, el mismo miedo, codicia y ambición; por dentro somos muy parecidos. Sin conocerme a mí mismo, ¿cómo puedo saber lo que el otro necesita? Sin comprenderme a mí mismo, no puedo comprender al otro ni ayudarle. Si no me conozco, actuaré desde la ignorancia y solo aumentaré su dolor.

Veámoslo con calma. La industrialización se ha extendido a gran velocidad por todo el mundo, impulsada por la codicia y la guerra. Es cierto que la industrialización crea puestos de trabajo, que puede alimentar a más gente, pero ¿cuáles son las consecuencias globales? ¿Qué sucede en un país que alcanza un gran desarrollo tecnológico? Posiblemente habrá más gente rica, más automóviles, más aviones, más dispositivos electrónicos, espectáculos más sofisticados, casas más grandes y mejores, pero en el aspecto humano ¿qué les sucede a esas personas? Se vuelven cada vez más insensibles, más mecánicas, menos creativas. La violencia crece, inevitablemente, y el gobierno se convierte entonces en exponente de la violencia organizada. Es cierto que la industrialización puede mejorar la economía de un país, pero ¡a qué precio! El extrarradio de las ciudades se llena de barriadas pobres, surge el antagonismo entre quienes tienen trabajo y quienes no lo tienen, entre el jefe y el esclavo, el capitalismo y el comunismo, y el caos se va extendiendo así poco a poco por las distintas partes del mundo. Decimos alegremente que el desarrollo tecnológico elevará el nivel de vida, erradicará la pobreza, creará trabajo, nos dará libertad, dignidad y todas esas cosas, olvidándonos de que seguirá habiendo división entre ricos y pobres, entre quienes tienen poder y quienes ambicionan tenerlo, de que la división y el conflicto continuarán. ¿Y en qué acaba todo eso? ¿Qué ha ocurrido en Occidente? Se suceden las guerras, las revoluciones, la gente vive bajo una constante amenaza de destrucción, desesperada. ¿Quién está ayudando a quién, quién está prestando servicio a quién? Al ver cómo se destruye el mundo a nuestro alrededor, como personas serias tenemos que preguntarnos cuál es la raíz de todo esto, algo que al parecer muy pocos hacemos.

5. Las causas de la destrucción están en mí, no en la tecnología

No podemos frenar el desarrollo tecnológico, no podemos suprimir los aviones, pero cada uno podemos erradicar las causas de que se haga un uso tan espantoso de la tecnología. Puedo erradicar las causas porque están dentro de mí. Ahora bien, no es fácil, es una tarea muy seria. Así que, como no estamos dispuestos a tener esa seriedad, decidimos reglamentar la guerra, y establecemos pactos, creamos ligas, organizamos sistemas de seguridad internacional. Pero la codicia y la ambición dan al traste con las buenas intenciones e, inevitablemente, la guerra y las catástrofes continúan.

6. El ego es una obra de muchos volúmenes

Para ayudar a otro, es imprescindible que me conozca a mí mismo, puesto que el otro es resultado del pasado, lo mismo que yo. Dada la interrelación de todos los seres humanos, si por dentro estoy enfermo de ignorancia, de resentimiento, si soy esclavo de mis pasiones, inevitablemente contagiaré a los demás mi enfermedad y mis tinieblas. Si interiormente estoy sano e integrado, transmitiré luz y paz; si no lo estoy, solo provocaré más caos y sufrimiento. Para comprenderme, tengo que estar atento a mí mismo con paciencia y tolerancia. El «yo» es una obra de muchos volúmenes que no puede leerse en un día. Pero una vez que empiezo a leerla, debo leer cada palabra, cada frase, cada párrafo, pues en cada uno de ellos está presente la cualidad de la obra completa. El principio es el final. Si sé leer, encontraré sabiduría suprema.

7. ¿Puede cambiar el ser humano?

Si soy consciente de todo esto, y es necesario que sea consciente de ello, lo natural es que me pregunte: ¿puede cambiar el ser humano? ¿Puedo cambiar yo? ¿Podemos cada uno experimentar una total mutación del ser humano que somos, una transformación tan profunda que nuestra relación deje de ser una actividad egoísta, basada en lo que a cada cual nos conviene en cada momento? Porque lo más importante de todo es la relación. A menos que haya una revolución radical en la relación entre dos seres humanos, hablar de Dios o de las Escrituras, citar los Vedas, la Biblia o las palabras de los sabios es una absoluta insustancialidad. No significa nada a menos que los seres humanos sepamos relacionarnos.

8. Una clase de relación nueva entre los seres humanos

Este será el tema de la charla: cómo hacer una revolución fundamental en las relaciones humanas, para que no haya guerras, para que los territorios no estén divididos por nacionalidades y fronteras, para que no haya divisiones por diferencias de clase. A menos que establezcamos una clase de relación nueva, no teórica, ni ideológica, ni hipotéticamente, sino de verdad, una relación nueva de hecho, serán cada vez mayores la decadencia y degeneración humanas.

¿Qué entendemos por relación? ¿Qué significa estar relacionados? En primer lugar, ¿estoy alguna vez relacionado de verdad? Relación significa contacto: estar unido a otro ser humano, en contacto directo con ella o con él, conocer todas sus dificultades, sus problemas, su tristeza, su ansiedad, que son también las mías. Cuando me comprendo a mí mismo, comprendo al ser humano, e inicio, por tanto, una transformación radical en la sociedad. El «individuo» es muy poco relevante, pero el «ser humano» tiene una relevancia extraordinaria. Es posible que el individuo cambie en función de las presiones, las tensiones, las circunstancias, pero esos cambios no afectarán sustancialmente a la sociedad. Lo importante no es resolver mis problemas como individuo, sino comprender los problemas del ser humano que soy, del ser humano que lleva evolucionando desde hace más de dos millones de años, sus conflictos, sus angustias, sus miedos, su encuentro cara a cara con la muerte. Todo esto constituye el problema humano. Y a menos que lo comprenda, no como individuo, sino como ser humano, será imposible crear una cultura diferente, una sociedad diferente.

9. ¿Puede haber relación entre dos imágenes?

¿Nos relacionamos de verdad alguna vez? ¿Tiene el ser humano alguna vez verdadera relación con otro ser humano? Por relación me refiero a estar en contacto intelectual, emocional y psicológicamente. ¿Se establece entre nosotros esa unión? ¿O el contacto, la relación, se establece entre la imagen que tengo de mí mismo y la imagen que tengo del otro, o, si todavía no me he creado una imagen del otro, entre la imagen que tengo de mí y la imagen de sí mismo que tiene él? Es decir, tengo una imagen de mí, tengo ideas sobre mí, un concepto de mí basado en lo que he vivido; tengo mis particulares tendencias, mi temperamento, y con todo ello he construido la imagen de quien soy […]. La mente ha esculpido esa imagen que es la suma de mis experiencias, de la tradición, las circunstancias de mi vida, los desafíos inesperados. Al igual que yo tengo una imagen de mí, la otra persona tiene una imagen de sí misma, y entre esas dos imágenes se establece algún tipo de contacto, que es a lo que llamamos relación. Ya se trate del contacto entre las imágenes respectivas de los miembros de una pareja en la intimidad o del contacto entre la imagen que yo tengo de Rusia o de Vietnam y el otro tiene de Estados Unidos, lo llamamos relación. Es muy importante entender esto, porque esa es la única clase de relación que conocemos.

Tengo una imagen de mí, y me he creado una imagen del otro, que es americano, ruso, chino o lo que sea. Tengo una imagen de los pakistaníes y tengo una imagen de los indios, separados unos de otros por una línea a la que llamo «la frontera». Al otro le ocurre lo mismo, él también tiene una imagen de quién es quién, y estamos dispuestos a matarnos uno a otro en nombre de esa imagen, que reforzamos con una bandera, con el espíritu nacional, con el odio.

Esto es muy serio: estamos dispuestos a matarnos entre nosotros en nombre de una imagen, de una palabra, de una idea […].

El hombre no ha resuelto el problema de la guerra. La primera mujer o el primer padre debieron de llorar en la primera batalla. Aún seguimos llorando.

10. Para poder relacionarnos de verdad, tenemos que destruir la imagen

Por consiguiente, establecer una verdadera relación es destruir la imagen. ¿Entendemos lo que significa destruir la imagen? Significa destruir la idea global que tengo de mí: de que soy hindú, de que soy pakistaní, musulmán, católico, judío o comunista. Tenemos que destruir el mecanismo que crea la imagen: el mecanismo que hay en mí y el que hay en el otro. De lo contrario, da igual que destruyamos una imagen, porque el mecanismo creará otra. Por tanto, no solo tengo que darme cuenta de que esa imagen existe, es decir, percibir mi imagen de mí mismo con claridad, sino que además tengo que estar muy atento para descubrir qué mecanismo crea la imagen.

11. La imagen es obra del pensamiento, que es la respuesta de la memoria

Tal vez hayamos comprendido lo que significa la palabra «imagen», y que es producto de nuestros conocimientos, experiencias, de la tradición, las diversas tensiones y presiones de la vida familiar, el trabajo, las ofensas, etc. La imagen está hecha de todo eso. Pero

¿cuál es el mecanismo que la crea? ¿Entendemos la pregunta? Para que esa imagen exista, es necesario primero ensamblar las piezas, y luego mantenerla, sostenerla en pie; de lo contrario, se desintegra. Así que cada uno debemos descubrir cómo funciona ese mecanismo, esa maquinaria. Porque en cuanto comprendemos su naturaleza y su propósito, la imagen se extingue. Se extingue no solo la imagen consciente, la imagen de mí mismo que superficialmente soy capaz de percibir, sino también la imagen profundamente arraigada, la totalidad de la imagen. Espero estar expresándolo con suficiente claridad.

Tenemos que investigar con atención, y averiguar cómo se forma la imagen y si es posible detener el mecanismo que la crea. Solo entonces habrá verdadera relación entre los seres humanos, en vez de una actividad entre dos imágenes, que son entidades muertas. Está claro.

12. El pensador, el «yo», es el constructor de imágenes

Una persona me halaga o me falta al respeto, y yo me creo una imagen de ella basada en la ofensa o el halago. Experimento dolor, angustia, conflicto, hambre, soledad, sufro por la muerte de alguien querido, y todo eso crea una imagen en mí; yo soy esa imagen. No es que yo sea la imagen en el sentido de que la imagen y yo somos diferentes y yo me identifico con ella, sino que el «yo» *es* esa imagen; el pensador *es* esa imagen. Quien crea la imagen es el pensador. Con todas las respuestas y reacciones físicas, psicológicas e intelectuales guardadas en la memoria, el pensamiento convertido en el pensador, en el observador, en el experimentador crea la imagen. De modo que el mecanismo creador de imágenes es la propia actividad de pensar. El mecanismo se activa por la acción del pensamiento. Y, sin embargo, el pensamiento es necesario; no podríamos existir sin él.

13. El pensamiento tiene su lugar adecuado en la vida diaria

En primer lugar, veamos cuál es el problema. El pensamiento crea al pensador, y el pensador empieza de inmediato a crear la imagen de sí mismo: soy un ser divino, soy Dios, soy el alma, soy sacerdote, no soy sacerdote, soy musulmán, soy hindú, y todo lo demás. El pensador crea la imagen y vive en ella, luego el pensamiento es el origen del mecanismo. Y al oír esto, uno se pregunta: «¿Cómo puedo dejar de pensar?». No es posible dejar de pensar. Pero sí es posible pensar y no crear ninguna imagen.

14. Tener una opinión el uno del otro no es relacionarnos

Así que me doy cuenta de que, en realidad, la mayor parte de las relaciones se basan en la formación de una imagen: formo la imagen y, a través de ella, establezco o confío en poder establecer una relación con otra imagen, y lo que ocurre, naturalmente, es que entre dos imágenes no hay relación. Si alguien tiene una opinión de mí y yo tengo una opinión de él o de ella, ¿qué relación puede haber entre nosotros? La relación solo existe cuando es libre, cuando se ha liberado de la formación de imágenes. Solo una vez destruida la imagen, y una vez que el mecanismo constructor de imágenes se haya detenido definitivamente, se acabará el conflicto, habrá terminado por completo. Solo entonces habrá paz, dentro de nosotros y en el exterior. Y solo cuando hayamos establecido esa paz en nuestro interior, podrá la mente, ahora que es libre, expandirse sin límites.

No sé si nos damos cuenta de que solo puede haber libertad si la mente no está en conflicto. Y la mayoría vivimos en conflicto, a no ser que estemos muertos. Para escapar de él, me hipnotizo a mí mismo, o me identifico con alguna causa, alguna misión, creencia, secta o filosofía. Me identifico hasta tal punto con ella que vivo como hechizado, en estado de somnolencia. Pero la mayoría estamos en conflicto, y a la vez queremos ser libres, sin darnos cuenta de que solo cuando termina el conflicto hay libertad. Mientras haya conflicto en mí, puedo buscar la libertad, puedo quererla con todas mis fuerzas, pero jamás la encontraré.

Así pues, relacionarnos significa poner fin al mecanismo que construye la imagen. En cuanto ese mecanismo muere, se establece la verdadera relación, y termina definitivamente el conflicto.

Parte III

¿Cuál es el propósito de la vida?

14. ¿Qué es la vida?

1. ¿Cuál es el propósito de la vida?

Antes de empezar a indagar cuál es el propósito de la vida, tenemos que descubrir qué entendemos por «vida» y qué entendemos por «propósito», no solo qué significado les da el diccionario a estas palabras, sino qué significan para nosotros. Sin duda, la vida es la acción diaria, los pensamientos y sentimientos de cada día, ¿no es cierto? Es nuestras luchas, el dolor, la ansiedad, la decepción, las preocupaciones, la rutina del trabajo, las cuestiones económicas, la burocracia... Todo eso es la vida, ¿verdad? Con la palabra «vida», nos referimos no a un determinado sector o capa de la conciencia, sino al proceso de la existencia en su totalidad, que es nuestra relación con las cosas, las personas, las ideas. Eso es para nosotros la vida, no una idea abstracta.

Bien, si esto es a lo que llamamos vida, ¿tiene la vida un propósito? ¿O es porque no comprendemos que la vida se traduzca a diario en dolor, ansiedad, miedo, ambición, codicia, es decir, porque no comprendemos las actividades cotidianas de la existencia, por lo que necesitamos que tenga un propósito, ya sea remoto o cercano?

2. ¿Por qué necesitamos que la vida tenga un propósito?

Buscamos un propósito para poder orientar nuestra vida diaria hacia un fin. Esa es obviamente la razón de ser del propósito. Pero si comprendo cómo vivir, el propio hecho de vivir es suficiente, ¿no? ¿Me preguntaré entonces cuál es el propósito de mi vida? Si amo a alguien, ¿no es suficiente en sí mismo ese amor? Es obvio que buscamos un propósito únicamente cuando no comprendemos o cuando queremos tener una norma de conducta que nos guíe hacia una meta. En definitiva, la mayoría queremos saber cómo debemos vivir, cómo debemos comportarnos, así que o bien tomamos como modelo de vida a aquellos a los que admiramos, vivos o muertos, o bien tratamos de establecer un patrón de comportamiento basándonos en nuestra propia experiencia. Cuando recurro a mi experiencia para establecer un modelo, es evidente que mi forma de vida va a estar condicionada. Es interesante investigar esto. Si mi experiencia, por muy extensa y variada que haya sido, no me ha servido para poner fin al condicionamiento, el modelo que construya basándome en ella reforzará el condicionamiento del pasado todavía más. Y si busco un modelo de conducta en alguien ejemplar, un gurú, la sabiduría ancestral o un ideal de perfección, lo que estoy haciendo es encajar a presión la extraordinaria energía de la vida en un molde, obligarla a adoptar una determinada forma, y me pierdo así el experimentar el dinamismo, la intensidad, la riqueza de la vida.

3. Solo la mente que no mide puede averiguar si la vida tiene un propósito

Debemos, por tanto, saber con toda claridad qué entendemos por propósito, y si hay un propósito en la vida. Muchos dirán que lo hay, que el propósito es descubrir la verdad, llegar a Dios, o como cada cual quiera expresarlo. Pero para alcanzar eso, para poder reconocerlo, necesitamos tener ya una idea de lo que buscamos, conocer su medida, su profundidad, su cualidad. Es decir, esa verdad que decimos buscar, ¿es algo que hemos vislumbrado nosotros o es una idea que hemos adoptado de alguien a quien consideramos la autoridad? En este caso, ¿podemos decir que el propósito de la vida es encontrar la verdad, cuando no sabemos lo que es? Dado que la verdad es lo desconocido, la mente que busca lo desconocido debe liberarse primero de lo conocido, ¿no? Es obvio que una mente abarrotada de lo conocido medirá de acuerdo con su propia condición, de acuerdo con su propia limitación, lo que quiera que encuentre. Y, por tanto, jamás podrá descubrir lo desconocido.

Así pues, al investigar si la vida tiene un propósito y si ese propósito puede medirse, descubrimos que solo es posible medirlo en función de lo conocido, en función del pasado. ¿Y qué significa medirlo en función de lo conocido? Significa que lo evalúo de acuerdo con lo que me resulta atractivo y lo que no. Por tanto, el propósito estará condicionado por mis deseos y, como consecuencia, no puede ser el propósito. Está claro, ¿no? Busco el propósito de la vida, y la única manera que tengo de averiguar si algo es o no el verdadero propósito es examinándolo a través de la pantalla de mis prejuicios, necesidades y deseos; sin ellos, no tengo elementos de juicio, ¿verdad? Es decir, la cinta métrica, la vara con la que mido, es el condicionamiento de mi mente y, conforme a los dictados de mi condicionamiento, decidiré cuál es el propósito. Pero ¿es ese el propósito de la vida? Indudablemente, no puede ser el propósito de la vida algo que mis deseos han inventado. Para descubrir el propósito de la vida, la mente debe haberse liberado de toda medición. Solo una mente libre lo puede descubrir. Sin esa libertad, lo único que hacemos es proyectar nuestros anhelos. Esto no son solo palabras; si se examina la cuestión a fondo, se entiende que es así.

4. Solo una mente libre puede descubrir la verdad

Si decido cuál es el propósito de la vida basándome en mis prejuicios, anhelos y predilecciones, está claro que es mi deseo el que lo decide, y obviamente ese no puede ser el propósito de la vida. ¿Qué es más importante, averiguar el propósito de la vida o que la mente se libere de su condicionamiento y entonces investigue? Es posible, además, que, cuando la mente se libere de su condicionamiento, esa libertad sea en sí misma el propósito. En cualquiera de los casos, solo una mente libre puede descubrir la verdad.

De manera que el primer requisito es la libertad, no averiguar el propósito de la vida. Sin libertad, es obvio que no lo puedo descubrir. Sin haberme liberado de mis mezquinas apetencias, pretensiones, ambiciones, envidias y de mi mala voluntad, ¿cómo podría investigar o descubrir cuál es propósito de la vida?

5. ¿Queremos comprender la interrelación humana o solo escapar del dolor?

Luego, ¿no es importante, para quienes indagamos sobre el propósito de la vida, averiguar antes que nada si el instrumento de indagación es capaz de penetrar en los procesos de la vida, en las complejidades psicológicas de nuestro ser? Porque eso es cuanto tenemos, ¿verdad?, un instrumento psicológico capaz de adaptarse a nuestras necesidades. Sin embargo, dado que ese instrumento ha ido tomando la forma de nuestros deseos egoístas, dado que es el resultado de nuestras experiencias, expectativas, angustia y resentimiento, ¿está capacitado ese instrumento para descubrir lo real? ¿No es fundamental, por tanto, si quiero investigar el propósito de la vida, que averigüe en primer lugar si el investigador es capaz de comprender o descubrir cuál es ese propósito? Es imprescindible, antes de empezar la investigación, saber si la mente que pregunta, que quiere descubrir, que se dispone a investigar, es capaz de comprender.

Cuando nos planteamos cuál es el propósito de la vida, la vida a la que nos referimos es un estado extraordinariamente complejo de interrelaciones sin el que no habría vida. Sin comprender el pleno significado de esa vida, sus variaciones, sus sensaciones, todo lo que la constituye, ¿de qué sirve indagar cuál es su propósito? Si no comprendo mi relación con la persona que está a mi lado, mi relación con la propiedad y con las ideas, ¿cómo pretendo comprender lo que está más allá de eso? Para encontrar la verdad, a Dios, o como queramos llamarlo, primero tengo que comprender mi existencia, tengo que comprender la vida que hay en mí y a mi alrededor; de lo contrario, la búsqueda de la verdad es solo un escape de la actividad diaria. Y como muy pocos comprendemos la actividad de nuestro día a día, como para la mayoría de nosotros la vida es monotonía, tristeza, sufrimiento, ansiedad, suplicamos: «¡Por Dios, que alguien me diga cómo escapar de todo esto!». Eso es lo que la mayoría queremos, un narcótico, algo que nos anestesie para no sentir los dolores y angustias de la vida.

6. ¿Queremos entender la vida o escapar de ella?

En lo más hondo, nuestra vida es confusión, desorden, angustia, sufrimiento. Cuanto más sensibles somos, mayores son la desesperación, la ansiedad, el sentimiento de culpa, y naturalmente queremos escapar de ellos, porque no encontramos respuesta a nada; no sabemos cómo salir de la confusión.

Nuestra vida es tan superficial, tan limitada, que queremos tener experiencias intensas, trascendentes. Además, vivimos asombrosamente aislados. Toda nuestra actividad, nuestro pensamiento, nuestra conducta nos acaban empujando a ese aislamiento, a esa soledad, y queremos escapar de eso también. Queremos vivir en otra dimensión, encontrar un plano de vida distinto. Así que nos evadimos por medio de la música, del arte, de la literatura, pero solo son escapes, que nada tienen que ver con lo que buscamos realmente. Y todas las vías de escape son similares, da igual evadirse por la puerta de una iglesia y rezar a Dios o a un salvador, o por la puerta de la bebida o de las drogas.

De ahí que sea muy importante comprender no solo qué y por qué buscamos, sino también la necesidad que tenemos de vivir una experiencia profunda, sustancial. Porque solo la mente que no busca nada, que no ambiciona tener ninguna experiencia de ninguna clase, puede entrar en una dimensión totalmente nueva, en un nuevo estado de ser. Esto es lo que vamos a investigar a continuación.

15. Mi relación con la naturaleza, los animales y todo el planeta

1. ¿Qué relación tenemos con la naturaleza?

No sé si hemos descubierto cuál es nuestra relación con la naturaleza. Me refiero a si nos hemos parado a pensar qué relación tenemos con ella, no a si tenemos la relación «correcta», puesto que no hay una forma «correcta» de relacionarse. Tener la relación «correcta» consiste simplemente en aplicar una fórmula, lo mismo que tener los pensamientos «correctos». No es lo mismo tener los pensamientos correctos que pensar correctamente. Tener los pensamientos correctos es amoldarse a lo que la sociedad considera correcto, respetable, mientras que pensar correctamente es un movimiento que nace de la comprensión, y la comprensión cambia, se modifica continuamente. De igual modo, tener la relación «correcta» con la naturaleza es distinto de comprender nuestra relación con ella. ¿Qué relación tengo con la naturaleza?, entendiendo por naturaleza los ríos, los árboles, las aves que cruzan el cielo, los minerales que hay debajo de la tierra, los peces, las cascadas, las charcas de agua transparente. ¿Cuál es mi relación con todo esto? La mayoría ni siquiera somos conscientes de tener relación con la naturaleza.

Nunca miramos un árbol, o, si lo miramos, es con la idea de obtener de él algún provecho, ya sea sentarnos a su sombra o cortarlo para hacer leña. Es decir, nunca miramos los árboles sin fines utilitarios, sin proyectar en ellos nuestros deseos, sin pensar en nuestra conveniencia. Otro tanto hacemos con la tierra y sus productos. No siento amor por la tierra, solo la utilizo. Si la amara de verdad, disfrutaría con moderación de las cosas de la tierra. Si comprendiera mi relación con ella, pondría mucho cuidado en el uso que hago de las cosas que la tierra me da. Comprender mi relación con la naturaleza es igual de difícil e importante que comprender la relación que tengo con mi pareja, mis hijos, las personas que hay en mi vida. Sin embargo, no le dedico siquiera un pensamiento, no me siento a mirar las estrellas, la luna o los árboles; estoy demasiado ocupado con mis actividades sociales o políticas. Evidentemente, esas actividades me sirven para huir de mí, pero adorar la naturaleza es también una huida. Así que, en cualquiera de los casos, lo que hago siempre es utilizar la naturaleza, bien para sacarle provecho o bien para escapar de la realidad. Nunca nos paramos simplemente a amar la tierra y los frutos de la tierra, a disfrutar de la exuberancia de los campos, aunque luego utilicemos sus productos para alimentarnos y confeccionar la ropa que vestimos. No nos gusta labrar la tierra con las manos; nos avergüenza. Y, sin embargo, algo extraordinario sucede cuando trabajamos la tierra con las manos.

2. Hemos perdido la relación con la naturaleza

Hemos perdido la relación con la naturaleza. Si hubo un tiempo en que comprendíamos el auténtico valor de esa relación, ya no es así. Si comprendiéramos su significado, no dividiríamos la propiedad en «tuya» y «mía». Aunque alguien fuera dueño de un terreno y construyera una casa en él, no sería «suya» en un sentido exclusivo, sino simplemente un sitio donde vivir. Pero como no amamos la tierra ni las cosas de la tierra, sino que solo las utilizamos, nos hemos vuelto insensibles a la belleza de un salto de agua, nunca nos sentamos con la espalda apoyada contra el tronco de un árbol, hemos perdido contacto con la vida. Y como no amamos la naturaleza, no sabemos amar a los seres humanos y a los animales. Cuando uno va por la calle y ve cómo tratan los aldeanos a los bueyes, cuando los ve con el rabo totalmente desencajado, sacude la cabeza y dice: «Qué triste». Pero hemos perdido el sentido de la ternura, la sensibilidad, la capacidad de responder a las manifestaciones de la belleza, y solo recuperando esa sensibilidad podremos comprender qué es la verdadera relación. Esa sensibilidad no nace en nosotros de repente porque colguemos de la pared unos cuadros de paisajes o porque pintemos un árbol o nos pongamos flores en el pelo. La sensibilidad sobreviene únicamente cuando abandonamos la perspectiva utilitaria de la vida. Esto no significa que no podamos hacer uso de la tierra, sino que hemos de utilizarla como es debido.

3. El mundo no es propiedad de nadie.
Es nuestro, es el mundo de todos

Este es nuestro mundo, ¿no es así? Es nuestra tierra, no la tierra del rico ni la tierra del pobre; es la tierra de todos. El mundo no es comunista ni capitalista, es nuestro mundo en el que vivir, en el que disfrutar, en el que ser felices. Este es el primer requisito para cambiar el mundo: tener ese sentimiento, que no es una emoción, sino una realidad en la que hay amor, el sentimiento de que el mundo es «nuestro». Sin él, ni la legislación, ni las subidas salariales, ni trabajar para el Estado, que es en definitiva un patrono más, sirven realmente de nada. Sin ese sentimiento, somos meros empleados a las órdenes del Estado o de un empresario. En cambio, si existe el sentimiento de que esta es «nuestra tierra», no hay ya patrono ni empleado, desaparece por completo la idea de que alguien manda y alguien obedece. Pero no tenemos ese sentimiento de que el mundo es de todos, de que el mundo es responsabilidad nuestra. Cada cual mira por sí mismo. Cada nación, cada grupo, cada religión y cada partido político va a lo suyo. Somos seres humanos que vivimos en esta tierra, esta tierra es nuestra para que la apreciemos, la disfrutemos, la cuidemos. No nos damos cuenta. Sin embargo, como a pesar de todo queremos crear un mundo nuevo, hacemos los más diversos experimentos financieros y políticos (reparto de beneficios, trabajo obligatorio, uniformidad salarial) y legalizamos cualquier forma de coacción y persuasión […].

Por muchas tácticas que se empleen, sin ese extraordinario sentimiento de que somos una sola humanidad, de que esta es nuestra tierra, la legislación, la persuasión y las imposiciones solo aumentarán el deterioro y el sufrimiento humanos.

4. Para proveer de alimentos, ropa y vivienda a todos los seres humanos, es necesaria una revolución; no política, sino psicológica

Para conseguir una distribución equitativa de alimentos, ropa y vivienda, es necesario un tipo de organización social totalmente distinto. Cada nación separada con su gobierno soberano, cada bloque militar y sistema económico, cada orden social y religión organizada proclama que su perspectiva es la única verdadera. Todo eso tiene que acabar, lo cual significa que toda esta actitud jerárquica y autoritaria hacia la vida tiene que desaparecer para siempre [...].

Hablo de una revolución psicológica, y es imprescindible que se produzca esa revolución si queremos que deje de haber gente, en todas las partes del mundo, que sufre por no poder atender sus necesidades físicas básicas. La tierra es nuestra, no es inglesa, rusa o estadounidense, ni pertenece a ningún grupo ideológico. Somos seres humanos, no hinduistas, budistas, cristianos o musulmanes.

5. El amor y la belleza de la tierra son la respuesta a todos los problemas

¿Sé observar? Observarme a mí mismo, observar la hoja, observar la belleza de la puesta de sol, la belleza de la tierra, de la montaña, el perfil de la montaña, la belleza del agua que fluye. ¿Sé observar la belleza? La belleza de una mente clara, inteligente, de una mente sensible, la belleza de un rostro, la belleza de una sonrisa. Hemos renunciado a contemplar la belleza porque las religiones han asociado la belleza con el placer, y el placer con el sexo y con eso a lo que la sociedad llama «amor».

La belleza no tiene nada que ver con esto. La belleza es mucho más que una cualidad relacionada con el placer. Para comprender la belleza, es necesaria una mente inocente, sencilla, una mente que no esté nublada por el pensamiento, que pueda mirar las cosas como son. Que pueda ver la puesta de sol con todo su colorido, su delicadeza y su luz. Simplemente mirarla. Estar en contacto con ella, en comunión con ella sin la palabra, sin el gesto, sin memoria, de modo que no haya un «yo» y un objeto separado del «yo» que lo mira. Esa extraordinaria comunión, sin pensador, sin pensamiento, sin objeto ni experiencia, ese sentimiento de espaciosidad, de inmensidad, eso es belleza. Y es también amor. Sin amor, da lo mismo que me dedique al voluntariado, luche por las reformas sociales, defienda el gobierno parlamentario, que me case, que tenga hijos..., haga lo que haga, no encontraré la respuesta a ningún problema de la vida. Con amor, puedo hacer lo que quiera, porque cuando hay amor hay virtud, y hay humildad.

6. Matar animales

El problema es matar, no únicamente matar animales para comer. Una persona no es virtuosa porque no coma carne, ni es menos virtuosa porque la coma. El dios de una mente mezquina es también mezquino; su mezquindad es proporcional a la de la mente que le pone flores a los pies. En el hecho de matar, confluyen los innumerables problemas, en apariencia independientes, que el ser humano ha creado dentro y fuera de sí. Matar es un problema auténticamente serio y complejo. Vamos a examinarlo.

Hay muchas formas de matar, ¿no es cierto? Se puede matar con una palabra o con un gesto, se mata por miedo o en un arrebato de ira, se mata por defender un país o una ideología, se mata en nombre de una serie de dogmas económicos o creencias religiosas [...].

Con una palabra o un gesto, puedo matar la reputación de una persona. Valiéndome de calumnias, murmuraciones, del desprecio, puedo acabar con ella. ¿Y no mata la comparación? ¿No se mata a un niño al comparársele con otro más inteligente o más hábil? A aquel que mata por odio o cegado por la ira se le considera un criminal, y se le condena a morir. En cambio, a quien bombardea deliberadamente un territorio y elimina a miles de personas de la faz de la tierra en nombre de su país se le condecora, se le glorifica; se le considera un héroe. Matar es una acción cada vez más extendida. Por asegurar el bienestar o la expansión de un país, se destruye otro. Se matan animales con fines alimenticios, por afán de lucro o por deporte, como se le llama. Se somete a los animales a vivisección para estudiarlos en beneficio del ser humano. El soldado existe para matar. Se están haciendo extraordinarios progresos tecnológicos para poder asesinar a gran distancia al mayor número de personas posible en pocos segundos. Muchos científicos dedican su vida entera a esto, y los sacerdotes bendicen los bombarderos y los barcos de guerra. También matamos una col o una zanahoria para comer, o destruimos una plaga. ¿Dónde trazar la línea más allá de la cual no debemos matar? [...].

Por tanto, la cuestión no es solo si matar o no matar animales, sino la crueldad y el odio que crecen sin cesar en el mundo y en cada uno de nosotros. Este es nuestro verdadero problema, ¿no es cierto?

7. Ser parte del todo

Aquella tarde, el sol iluminaba la pradera y los altos árboles oscuros que se elevaban alrededor, esculpidos en verde, majestuosos, en absoluta quietud. Uno había llegado allí con sus preocupaciones y su parloteo interno, recorriendo el paisaje con la mente y la mirada inquietas, preguntándose si le daría tiempo a llegar a casa antes de que empezara a llover. Y se sintió un intruso, le pareció que no era bien recibido. Sin embargo, pronto uno formaba parte de ello, era parte de aquella fascinante soledad. No se oía a ningún pájaro, el aire estaba completamente en calma y las copas de los árboles se perfilaban inmóviles en el cielo azul. La exuberante pradera verde era el centro de aquel mundo y, sentado en una roca, uno formaba parte de ese centro. No era una imaginación; la imaginación es una tontería. No es que uno se esforzara por identificarse con aquella espléndida expansión y belleza; la identificación es vanidad. No es que intentara olvidarse de sí, renunciar a ser alguien en aquella soledad intacta de la naturaleza; la renuncia, el deseo de olvidarse de sí mismo, es arrogancia. No era una reacción, una compulsión ante tanta pureza; toda compulsión es una negación de lo verdadero. No había nada que uno pudiera hacer para formar parte de aquella totalidad. Pero era parte de ella, parte de la pradera verde, de la dureza de la roca, del cielo azul y de la majestuosidad de los árboles. Era así.

Quizá uno lo recordaría después, pero ya no formaría parte de esa totalidad; y aunque volviera a ese lugar, jamás la encontraría.

16. Dios, el universo, lo desconocido

1. ¿Qué es una mente religiosa?

La mente religiosa no es la mente que cree, que va a misa a diario o una vez por semana. No es la mente que tiene un credo, que se rige por dogmas y supersticiones. La mente religiosa es en realidad una mente científica, científica en el sentido de que es capaz de observar los hechos sin distorsión, de verse a sí misma tal como es. Para liberarse del condicionamiento, es necesaria no una mente crédula y obediente, sino una mente capaz de observarse con racionalidad, con cordura, capaz de darse cuenta de que, a menos que destruya por completo en sí misma la estructura psicológica de la sociedad, que es el «yo», no tendrá inocencia, y de que, sin inocencia, la mente no puede ser religiosa.

2. Las palabras y las creencias no son Dios

La mente religiosa no es fragmentaria, no divide la vida en compartimentos, es una mente que abarca la totalidad de la vida: la vida de la tristeza y el dolor, la vida de la alegría y las satisfacciones pasajeras. Como es una mente libre, que se ha desprendido de la estructura psicológica de la ambición, de la codicia, la envidia, la rivalidad, el deseo insaciable, la mente religiosa vive en estado de inocencia. Solo una mente así puede ir más allá de sí misma, no la mente que se contenta con creer en el más allá o que tiene alguna hipótesis sobre Dios.

La palabra «Dios» no es Dios; Dios no es el concepto que tenemos de Dios. Para descubrir si existe eso a lo que puede llamarse Dios, es necesario poner fin a todos los conceptos y formulaciones verbales. Todas las ideas y todo el pensamiento, que es la respuesta de la memoria, deben terminar. Solo entonces existe ese estado de inocencia en el que uno ha dejado de engañarse, en el que no persigue nada. Entonces uno descubre lo que es verdad […].

No puedo encerrar las aguas del mar en una bolsa ni atrapar el viento con el puño. Pero puedo escuchar el rumor profundo de la tormenta, la violencia del mar; puedo sentir la extraordinaria fuerza del viento, su belleza y su capacidad de destrucción. Debo destruir totalmente lo viejo para que pueda haber algo nuevo.

3. Liberarse de lo conocido

No es posible hablar de lo desconocido. Ninguna palabra, ningún concepto, puede introducirlo en el marco de lo conocido. La palabra no es la cosa, la cosa se ha de ver directamente, sin la palabra. Y eso es extraordinariamente difícil, ver algo con inocencia. Para ver algo con amor, un amor que nunca ha estado contaminado por los celos, el odio, la ira, el apego, el ansia de posesión, uno ha de morir al apego, al ansia de posesión, a los celos, a la envidia morir a ellos sin razón, sin causa, sin motivo. Solo entonces, en esa libertad que es la muerte de lo conocido, puede lo otro aflorar.

4. La meditación no es un mantra, un ritual, una oración, un narcótico más

La meditación no es un estado al que se pueda llegar mediante una repetición de palabras, lo que los hindús llaman «mantras» y otros llaman «oración». Las oraciones y los mantras solo sirven para adormecer la mente. Si repetimos en un murmullo una serie de palabras una y otra vez, nos quedamos plácidamente amodorrados. Eso es lo que muchos hacemos. Y, en ese sopor, sentimos que hemos alcanzado un estado extraordinario. Pero eso no es meditación, eso es simplemente drogarse con palabras, como uno podría drogarse con sustancias químicas, o bebiendo, o de la manera que sea, lo cual, obviamente, tampoco es meditación.

La meditación sí es realmente extraordinaria, y es algo que uno debe hacer cada día. Pero la meditación no está separada de vivir. No es algo que uno hace por la mañana y de lo que durante el resto del día no se vuelve a acordar, o que recuerda y utiliza como pauta de vida. Eso no es meditación.

La meditación es darse cuenta de cada pensamiento, de cada sentimiento, de cada acto, y ese darse cuenta es posible solo cuando no hay condena, ni juicio, ni comparación. Simplemente veo todo como es, lo que significa que me doy cuenta de mi condicionamiento, tanto consciente como inconsciente [...].

La meditación está mucho más allá de todas esas ideas tan inmaduras sobre lo que es meditar. La meditación es un estado de atención en el que se percibe cada pensamiento, cada sentimiento; y de esa atención nace el silencio, un silencio muy diferente al que se logra a base de control y disciplina. El silencio que es producto de la disciplina y el control es el silencio de la decadencia, de la muerte. Hay en cambio un silencio que aflora con naturalidad, sin esfuerzo, sin que uno sea siquiera consciente de él, cuando existe en uno esa atención que pone fin al experimentador, al observador, al pensador. Ese silencio es en verdad inocencia. Y, en ese silencio, es posible que, sin buscarlo, pedirlo ni invitarlo, llegue lo desconocido.

5. No hay respuesta al porqué de la vida

No hay respuesta al porqué de la vida. No tiene importancia. En la vida hay una sola cosa importante, y es vivir. Cuando vivo totalmente, completamente, cada minuto sin preferencias, sin aceptar o rechazar cómo son las cosas, cuando simplemente vivo, no necesito una respuesta, no me pregunto cuál es el propósito de la vida, ni busco alguna manera de escapar de ella. Pero, para eso, debo tener una clara y profunda percepción de mí mismo. Sin conocerme, no tiene ningún sentido que busque una respuesta, ya que la respuesta que encuentre será la que más me satisfaga en cada momento. No obstante, esto es lo que la mayoría queremos encontrar, una respuesta gratificante, tranquilizadora, un sitio seguro, un cielo libre de interferencias. No nos damos cuenta de que esa búsqueda de respuestas interfiere constantemente en la vida.

6. No se puede llegar a la verdad mendigando

Rezar es, obviamente, un acto de voluntad. Quiero, pido, suplico. Como resultado de mi confusión, angustia y dolor, pido a alguien que me dé entendimiento y consuelo, y lo recibo. Por lo general, quien pide recibe lo que ha pedido. Ahora bien, quizá lo que recibe no sea la verdad, y generalmente no es la verdad. No puedo llegar a la verdad mendigando. La verdad ha de venir a mí. Solo entonces me encuentro con la verdad, no cuando soy un mendigo implorando consuelo. Pero somos mendigos eternamente en busca de un bálsamo, de un estado en el que nada nos incomode nunca más […].

7. Pensar en un ser superior no es meditación

Pensar en el ser superior no es meditar. La meditación es un estado de intensa atención a toda la actividad de la mente. Meditar es darse cuenta de cómo la mente asume el papel de meditadora, de cómo se divide a sí misma en meditadora y meditación, en pensadora y pensamiento, asumiendo que, como pensadora, domina el pensamiento, lo controla, le da forma. Así, en todos nosotros existe el pensador como ente separado del pensamiento, y ese pensador se ha erigido en el Yo superior, en el Yo más noble, el *atman*, o como quiera uno llamarlo, pero en realidad sigue siendo la misma mente dividida en pensador y pensamiento. Viendo que el pensamiento es cambiante, inconstante, efímero, la mente crea al pensador y le atribuye carácter permanente, crea un Yo superior permanente, absoluto e inmortal.

8. El silencio de una mente vacía

Así pues, cultivar la mente con la intención de fortalecer en ella la virtud no es lo importante, ya que eso no vaciará la mente para que pueda recibir aquello que es eterno. Y la mente debe estar vacía para recibirlo.

Aquello que es inconmensurable no llega en respuesta a nuestras invitaciones, solo se manifiesta cuando la mente deja de pedir, de rezar, de suplicar, de mendigar, cuando la mente es libre, cuando se ha liberado del pensamiento. Meditar es poner fin al pensamiento. Lo conocido debe terminar para que lo desconocido sea. Eso es la meditación. Y no se puede atraer con trucos ni prácticas. La práctica, la disciplina, la represión, el sacrificio, la renuncia solo fortalecen al experimentador, le dan poder para controlarse, pero es un poder destructivo. Por tanto, solo en la mente que no está dividida en el experimentador y la experiencia, existe esa dicha sin motivo, que no se puede buscar, que nada más se manifiesta en el silencio de una mente libre.

9. Todos los seres humanos tenemos capacidad para meditar, no solo unos pocos elegidos

Como seres humanos, todos estamos capacitados para indagar, para descubrir, y en eso consiste la meditación. Meditar es indagar en la naturaleza del meditador [...]. El miedo que tenemos no es a lo desconocido, sino a perder lo conocido. Sin embargo, solo cuando la mente deja que lo conocido se desvanezca, hay libertad, y solo en esa libertad puede manifestarse un nuevo impulso.

10. No es posible capturar a Dios y encerrarlo en una jaula

Queremos capturar a Dios y meterlo en la jaula de lo conocido, la jaula a la que llamamos el templo, la Biblia, el gurú, nuestro particular sistema de creencias, y con eso nos contentamos. Creemos que, al hacerlo, somos cada día más religiosos. No es así.

11. La relación con Dios es responsabilidad de cada uno de nosotros

La persona religiosa no busca a Dios, está dedicada por completo a transformar la sociedad, que es ella misma. La persona religiosa no es la que hace innumerables rituales, la que sigue las tradiciones y vive en una cultura decrépita, muerta, citando a cada momento la *Gita* o la Biblia, entonando cánticos o renunciando al mundo. Esa no es una persona religiosa, es alguien que intenta escapar de la realidad de la vida. La persona religiosa está ocupada por entero en comprender la sociedad, que es ella misma. No está separada de la sociedad. Producir en sí misma una transformación total y absoluta significa poner fin a la codicia, la envidia y la ambición, por lo cual esa persona no depende de las circunstancias, aun sabiéndose resultado de las circunstancias: de lo que come, de lo que lee, de las películas que ve, de los dogmas, creencias y rituales imperantes. Dado que es una persona responsable, sabe que su responsabilidad es comprenderse a sí misma como producto de la sociedad que ella misma ha contribuido a crear. Sabe que, para descubrir la verdad, debe empezar por observarse con mucha atención, no por ir a la iglesia, no por rendir culto a una imagen, ya sea una imagen tallada por la mano o por la mente. Si no es así, ¿cómo podría descubrir algo totalmente nuevo, un estado desconocido?

12. Religión es sentir la bondad

¿Sabemos lo que es religión? La religión no consiste en entonar cánticos, en practicar rituales ni en adorar a dioses de hojalata o a imágenes de piedra. La religión no está en las iglesias ni en los templos, en la lectura de la Biblia o la *Gita*, en la repetición de palabras supuestamente sagradas ni en la obediencia a cualquier otra superstición inventada por el ser humano. Nada de eso es religión.

Religión es sentir la bondad, ese amor que es como el río, eternamente en movimiento, eternamente vivo. En ese estado, llega un momento en que la mente deja de buscar, y la terminación de la búsqueda es el comienzo de algo enteramente distinto. Ese sentimiento de absoluta bondad, que nada tiene que ver con cultivar la bondad, la humildad, sino que es un estado de receptividad a Dios, a la verdad, a algo que exista más allá de las invenciones y tretas de la mente fragmentada, tener un sentimiento por ese algo, vivir en él, ser ese sentimiento, eso es verdadera religión. Pero solo puedo hacer eso una vez que dejo atrás la poza que excavé para sentirme a salvo y me fundo con el río de la vida. Entonces la vida tiene una manera asombrosa de cuidarme, porque he dejado de protegerme. La vida me lleva adonde ella quiere, porque soy parte de ella. Entonces no es ya un problema la seguridad, ni lo que la gente pueda decir. Y esa es la belleza de la vida.

Fuentes

Abreviaturas de los títulos a los que pertenecen los fragmentos que componen el libro:

AV: *El arte de vivir*
ASC: *Amor, sexo y castidad*
LV: *El libro de la vida*
ESV: *La educación y el significado de la vida*
PE: *El propósito de la educación*
CSV: *Comentarios sobre el vivir*. Series I, II y III.
OC: *Obras completas, tomos I al VI*
MNM: *La mente que no mide*
LPU: *La libertad primera y última*
SR: *Sobre las relaciones*
RSY: *Reflexiones sobre el yo*
CW: *Complete Works (Obras completas, tomos VII al XVII, sin traducción al castellano)*.

PARTE I. El ser humano: de persona a persona

1. ¿Qué es la relación?

  1. MNM, parte 3, cap. 2, pág. 158.

  2. LPU, cap. 14, págs. 118-119.

  3. ASC, pág. 9 (Nueva York, 26 de septiembre de 1966).

  4. OC, tomo V, pág. 435.

  5. *Ibid.*, pág. 436.

  6. LV, sec. 1, cap. 1, 16 de marzo.

  7. OC, vol. 5, pág. 302.

  8. *Ibid.*

  9. *Ibid.*, págs. 302-303.

  10. LPL, cap. 9, pág. 205.

  11. OC, vol. 3, págs. 141-142.

  12. SR, págs. 79-81 (Bombay, 9 marzo, 1955).

2. El amor, el sexo y las relaciones

  1. ASC, pág. 47.

  2. SR, pág. 103 (Rishi Valley, India, 8 nov. 1967).

  3. LPU, cap. 22, págs. 263-266.

  4. LPU, cap 21, págs. 257-260.

  5. CSV, Serie III, cap. 53, pág. 451.

  6. CW, vol. 16, pág. 215.

  7. RSY, pág. 160.

  8. *Ibid.*, págs. 160-161.

  9. *Ibid.*, pág. 161.

  10. CW, vol. 14, págs. 99-100.

  11. *Ibid.*, pág. 100.

  12. CW, vol. 15, págs. 59-60.

  13. ASC, pág.s 36-37.

  14. LESV, cap. 7.

  15. LPU, págs. 559-560.

3. Parejas

1. CW, vol. 16, pág. 119.
2. *Ibid.*, págs. 119-120.
3. *Ibid.*, pág. 120.
4. ASC, pág. 41.
5. OC, vol. 5, págs. 283-284.
6. *Ibid.*, págs. 285-286.
7. Ojai, segunda sesión de preguntas y respuestas, 24 de mayo de 1984.
8. Ojai, segunda charla pública, 3 de mayo de 1981.
9. CW, vol. 15, págs. 1-2.
10. OC, vol .6, págs. 111-112.
11. CW, vol. 7, pág. 104.

4. Abstinencia y castidad

1. Europa, quinta charla pública, 30 de abril de 1967.
2. CW, vol. 15, pág. 90.
3. OC, vol.6, pág. 81.
4. OC, vol. 4, pág. 244.

5. El matrimonio y la amistad

1. Bombay, sesión de preguntas y respuestas, 9 de febrero de 1984.
2. Brockwood Park, segunda sesión de preguntas y respuestas, 2 de septiembre de 1982
3. *Ibid.*
4. OC, vol. 5, págs. 233-234.
5. Material inédito.

6. Los profesores, la escuela, la educación y el estudiante

1. AV, cap. 1, págs.12-13.
2. ESV, cap. 5.
3. *Ibid.*, págs. 92-94.
4. *Ibid.*, págs. 94-96.
5. CW, vol. 9, pág. 155.

7. El padre, la madre, la sociedad y yo
1. CW, vol. 8, pág. 278.
2. *Ibid.*, págs. 278-279.
3. *Ibid.*, pág. 279.
4. *Ibid.*, págs. 280-281.
5. *Ibid.*, pág. 281.
6. ESV, cap. 6.
7. *Ibid.*, págs. 98-99.
8. *Ibid.*, págs. 99-100.
9. *Ibid.*, págs. 101-102
10. *Ibid.*, págs. 103-104.

8. La relación con uno mismo
1. CW, vol. 9, pág. 136.
2. *Ibid.*
3. *Ibid.*, págs. 136-137.
4. *Ibid.*, pág. 138.
5. *Ibid.*, págs. 138-139.
6. *Ibid.*, pág. 139.
7. *Ibid.*
8. OC, vol. 5, pág. 434.
9. *Ibid.*, págs. 434-435.
10. CW, vol. 14, pág. 129.
11. *Ibid.*, págs. 130-132.
12. *Ibid.*, pág. 134.

PARTE II. La sociedad y mis relaciones

9. La sociedad y yo
1. CW, vol. 15, págs. 49-50.
2. LLPU, cap. 3, págs. 41-42.
3. OC, vol. 5, pág. 74.
4. CW, vol. 17, págs. 175-176.

5. *Ibid.*, pág. 176.
6. *Ibid.*, pág. 174.
7. CW, vol. 12, pág. 144.
8. CW, vol. 14, pág. 131.

10. ¿Qué es la verdadera religión?
1. CW, vol. 17, pág. 100.
2. CW, vol. 7, pág. 130.
3. OC, vol. 6, págs. 187-188.
4. CW, vol. 17, págs. 163-164.
5. *Ibid.*, pág. 165.
6. *Ibid.*, págs. 156-158.

11. El gobierno, el ejército y la ley
1. CW, vol. 17, págs. 33-34.
2. *Ibid.*, págs. 36-37.
3. *Ibid.*, pág. 37.
4. CW, vol. 15, págs. 326-327.
5. OC, vol. 5, pág. 89.
6. *Ibid.*, págs. 90-91.
7. CW, vol. 15, pág. 322.
8. *Ibid.*, págs. 322-323.

12. La raza, la cultura el país
1. CSV, Serie II, cap. 44, págs. 263-264.
2. *Ibid.*, págs. 264-265.
3. *Ibid.*, pág. 266.
4. OC, vol. 3, págs. 187, 192.
5. *Ibid.*, pág. 187.
6. *Ibid.*, pág. 188.

13. El mundo y yo
1. OC, vol. 5, pág. 21.

2. *Ibid.*, págs. 21-22.

3. *Ibid.*, pág. 22.

4. OC, vol. 3, págs. 191-192.

5. *Ibid.*, pág. 192.

6. *Ibid.*

7. CW, vol. 16, pág. 43.

8. *Ibid.*

9. *Ibid.*, págs. 43-44.

10. *Ibid.*, pág. 45.

11. *Ibid*

12. *Ibid.*, pág. 46.

13. *Ibid.*

14. *Ibid.*

PARTE III. ¿Cuál es el propósito de la vida?

14. ¿Qué es la vida?

1. OC, vol. 5, pág. 34.

2. *Ibid.*, págs. 34-35.

3. *Ibid.*, pág. 35.

4. *Ibid.*, pág. 21.

5. *Ibid.*, págs. 35-36.

6. CW, vol. 16, pág. 182.

15. Mi relación con la naturaleza, los animales y todo el planeta

1. OC, vol. 5, págs. 192-193.

2. *Ibid.*, pág. 93.

3. CW, vol. 8, pág. 186.

4. CSV, Serie III, cap. 11, págs. 77-78.

5. CW, vol. 15, pág. 26.

6. CSV, serie III, cap. 32, págs. 258-261.

7. CSV, serie III, cap. 34, págs. 273-274.

16. Dios, el universo, lo desconocido

1. CW, vol. 13, pág. 208.

2. *Ibid.*, págs. 208-209.

3. *Ibid.*, pág. 210.

4. *Ibid.*, págs. 210-211.

5. CW, vol. 8. pág. 184.

6. *Ibid.*, pág. 192.

7. *Ibid.*

8. *Ibid.*, págs. 193-194.

9. CW, vol. 10, pág. 255.

10. *Ibid.*, pág. 272.

11. CW, vol. 15, págs. 90-91.

12. PE, cap. 17, pág. 55.

Recursos:
escuelas y fundaciones

Escuelas Krishnamurti

Reino Unido
Brockwood Park School
Bramdean, Hampshire, S024 OLQ
www.brockwood.org.uk

Estados Unidos
Oak Grove School
220 West Lomita Avenue
Ojai, California, 93023
oakgroveschool.org

La India
Rishi Valley Education Centre
Rishi Valley Post
Chittoor District, 517 352, A.P.
www.rishivalley.org

Rajghat Education Centre
Rajghat
Fort Varanasi, 221001, U.P.
www.rajghatbesantschool.org

The Valley School
Thatguni Post
Kanakapura Road
Bangalore, 560 082
www.thevalleyschool.info

The School KFI
S.No. 82/3A2 & 82/5A2B
Solai Street, Thazhambur
Chennai, 600 130
www.theschoolkfi.org

Sahyadri School
Post Tiwai Hill, Taluk Rajgurunagar Dist.
Pune, 410 513, India
www.sahyadrischool.org

Pathashaala KFI
Elumichampattu
Tamil Nadu, 603405
pcfl-kfi.org/pathashaala

FUNDACIONES KRISHNAMURTI

El legado que Jiddu Krishnamurti dejó en sus enseñanzas forma parte de la responsabilidad de las fundaciones creadas como iguales por él, con el propósito de preservar la integridad de lo que él expresó durante muchos años y en diferentes lugares del mundo.

Las siguientes fundaciones creadas por Krishnamurti son las únicas instituciones responsables de la preservación y difusión de sus enseñanzas:

Krishnamurti Foundation Trust (KFT)
www.kfoundation.org kft@brockwood.org.uk

Krishnamurti Foundation of America (KFA)
www.kfa.org kfa@kfa.org.

Krishnamurti Foundation India (KFI)
www.kfionline.org   kfihq@md2.vsnl.net.in

Fundación Krishnamurti Latinoamericana (FKL)
www.fkla.org – fkl@fkla.org

Estas fundaciones se responsabilizan y garantizan la autenticidad e integridad de los contenidos de todas las publicaciones realizadas por ellas (libros, vídeos, casetes, DVD, etcétera). Para cualquier duda o consulta, rogamos contacten con una de estas fundaciones. También pueden consultar la página oficial de las enseñanzas de Jiddu Krishnamurti [www. jkrishnamurti.org], donde podrán encontrar mucho material de libre acceso la (textos, vídeos, DVD, etcétera.).